銀座建築探訪

藤森照信 文
増田彰久 写真

白揚社

銀座建築探訪

銀座建築探訪　目次

ウォートルス、煉瓦街、そして銀座

銀座煉瓦街は本当に失敗だったのか

銀座の歴史について、とくに銀座がなぜ生まれたかについての最新のお話をしたいと思います。明治六年の大火で銀座が燃えて、再建にあたり赤煉瓦の街が作られて、そこから今の銀座が始まったことはよく知られています。その政策を当時の東京府知事の由利公正が考えて、イギリス人のウォートルスという建築家が実際の設計をして実行に移した。そしてできた煉瓦街は失敗だった。よくそういうふうに言われています。

しかし、そのうち正しいのは大火と、煉瓦街と、ウォートルスです。あとの二点、府知事の由利公正が発案したこと、煉瓦街が失敗だったことについては、今から四〇年ほど前に研究を始めたときから、疑ってました。

それから本格的に調べた結果、由利公正が発案したというのは間違いであることを確認できました。由利公正については、本人が伝記で自慢話を書いてるのを鵜呑みにしただけで、当時の資料に当たってみると由利公正はむしろ煉瓦街計画に反対だった。煉瓦街計画というのは、道幅を広げること、木造をやめて煉瓦にすることの二つが柱ですが、由利は拡幅には賛成だったけれど煉瓦化には反対だった。

ところが本人はそのことには触れてなくて、全部自分が発案したと書いている。それは間違いで、当時のいろいろな公文書を見ると煉瓦街計画の発案と由利公正は関係ない。発案したのは他の人たちだった。

その頃、築地に住んでいた大隈重信のもとに井上馨とか渋沢栄一とか前島密といった若手の官僚たちが集まっていた。のちの経済界の大物・渋沢もその頃は大蔵官僚で、世間では彼らを築地梁山泊と呼んでいた。銀座煉瓦街を発案したのは彼らだったことが確認できました。

煉瓦街計画を失敗だったというのは主に民衆史の人たちが書くんですが、日本の民衆史は政府のやることを悪く言わないと気がすまない変な体質があって、明治の元勲たちがやった銀座の煉瓦街なんて失敗だと言いたいわけです。そこでどういう事例を採り上げるかというと、湿気があって健康を害したとか、海苔屋の商品がダメになったなんていう話を書く。それは当たり前で、煉瓦造っていうのはできてすぐに住むもんじゃない。水でベチョベチョに濡らして造るから、水が乾いてからでないとダメ。それをすぐに入ってしまって起きた、そういう取るに足らないことを面白おかしく書いて、失敗だったって言う。都市計画、インフラを造るっていう点については間違った評価がされているわけです。

銀座煉瓦街は実は失敗ではなかった。煉瓦街になったおかげで、銀座という三流の街が当時一流の街だった日本橋を抜くわけだから、それを失敗と言ったらおかしなことになってしまう。そういうところを正していくのが僕の仕事になりました。

謎の建築家ウォートルスを追って

実は、銀座の煉瓦街については誰もちゃんとした研究はしていなかった。僕が初めて手を付けます。それで、いくつかのことを調べたのですが、一番の謎はウォートルス、トーマス・ジェームス・ウォートルス(Thomas James Waters正しくはウォータースだがウォートルスが通例)という人物のことです。当時、彼についてはイギリス人であることと、銀座煉瓦街をはじめ日本でいろんな仕事をしたことは知られていました。ただ、どこから来たのか、それにその後の消息もわからない。

ウォートルスが日本に上陸したのは幕末のことです。これは先輩たちの研究ですでにわかっていて、洋式工場を造るために薩摩藩に来た。ご存じのように薩摩藩は、幕府と戦い、かつ海外の侵略を防ぐために、島津斉彬が洋式工場を造った。幕府と関係なくやってしまう。ヨーロッパの近代工業を日本に移そう、日本で産業革命を起こそうとしたのですが、それにはまず、ヨーロッパからいろんな機械や技術者を呼ばないといけない。それで頼りにしたのが例のグラバーという商人です。

グラバーは、幕府と反対の側にいた武器商人です。もう相当怪しい人物で、南北戦争が終結して余った武器をかき集め、それをバンバン日本に売ったりした。薩長はそれでついに幕府に勝つことができた。だから、グラバーは死の商人で、冒険商人(merchant adventurer)ですが、薩長にとっては恩人なんです。

グラバーは危ない橋を渡ることで一気に財を成しました。武器を売っただけでなく、産業革命のための機械などもたくさん買ってきて薩摩に納めるんですが、そのバックにはさらにジャーディン=マセソンが控えていました。当時のイギリス屈指の貿易商社です。有名なアヘン戦争は、大英帝国が香港に乗り込んでアヘンを売り込んだとされていますが、実際に攻め込んだのはジャーディン＝マセソンだった。会社は現在でも続いています。

ジャーディン＝マセソンがいて、その下に現地の商社としてグラバーがいた。それで機械はどんどん薩摩に来るけれど、それを据え付け、動かして工場を建てる技術者がいない。そこで雇われたのがウォートルスです。

ウォートルスはそれまでどうしていたか、そこがわからなかった。わかっていたのは、とにかくそうやって日本に上陸し、薩摩の仕事をして、それが縁で新政府ができてから大阪の造幣寮建設に関わります。大蔵省とつながりができて東京に呼ばれ、金銀分析所を造り、竹橋陣営を造っていました。全部大蔵省系の仕事です。

そこへ火事が起きて、井上馨たちが煉瓦街を造ろうと発案し、ウォートルスにやらせることになった。ところが、銀座の煉瓦街ができるとウォートルスはお払い箱になって、どこかに消えてしまうんですね。

日本時代のことは基本的にわかっていました。が、日本に来る以前のことがわからない。それで調べ始めたんですが、ありがたいことに三枝進さんが銀座のことをずっと調べていらした。で、ここから先の話は三枝さんの働きが大きいんですけれど、ウォートルスがイギリスから香港に来るまでの経歴が大筋わかったんです。

まず、彼はイギリス人って言われていたけれどそうじゃなくて、アイルランド人です。アイルランドの真ん中あたりのバー（Birr）という中規模の町で生まれています。

そのバーに、日本人ではたぶん僕が初めてだと思うんですけど行ってみたら、町もウォートルスが生まれた頃のまま、彼の生家もそのまま残っていてびっくりしました。教会に行くとウォートルスのお父さんを顕彰するプレートがはまっていて、大きな仕事をした人であることがわかりました。

ウォートルスのお父さんは、トーマスがまだ小さい頃、地元の領主に頼まれて町の都市計画をやってるんです。その都市計画っていうのが面白くて、領主の家とちょうど反対側に教会を造って、その間にズーッと大きな通りを通している。それが不思議な通りで、真ん中に馬車のための車道があって、その脇が歩道になっている。その車道側に植木が植わっているんですが、普通、植木は車道には植えません。

銀座の謎とされていることの一つに、なぜ最初車道に並木が植えられていたか、があります。ウォートルスのお父さんがやった都市計画では車道に並木を植えている。お父さんの都市計画のあと、ウォートルスの家はその道沿いに建てられていましたから、息子のトーマスもお父さんがやった都市計画をそのまま銀座でやったのかもしれません。

ウォートルス家には三兄弟がいて、長男がトーマス・ジェームス、次がアルバートで、三番目がアーネストです。トーマスはまずイギリスに出て、ロンドンから香港へ来て、その辺からイギリス人ということになってしまったのだと思います。ただ、建築史家の丸山雅子さんが調べたトーマスの訃報などに「イギリスとドイツで学ぶ」と記されているので、当時最も有名な鉱山学校だったフライブルク鉱山工科大学に行った可能性もあります。末弟のアーネストは大変優秀な鉱

トーマス・ジェームス・ウォートルス

アルバート・ウォートルス

アーネスト・ウォートルス

山技師で、卒業はしていないけれど確かにフライブルクで学んだ記録があります。しかしトーマスの名は学籍簿にありません。のちの仕事ぶりを考えると、学籍に残らない聴講生のような形で学んだのかもしれない。

ウォートルスの本来の職業は、建築でも都市計画でもなく鉱山技師で、これは確認できます。弟のアーネストが学んだフライブルク鉱山工科大学は、実は日本にとって大変重要な役割を果たしています。明治の初期に日本が外国からいろんな技術者を招びますが、鉱山開発はフランス人が来てやることが多かった。それがある時期からフランス人をみんなクビにして、ドイツ人に代わるんです。その中心にいたのがクルト・アドルフ・ネットーという鉱山開発で大変名高いお雇い外国人で、彼がフライブルクの出身でした。その鉱山のやり方がフランス式から最新のドイツ式に転換するときにウォートルス兄弟がやって来て、クルト・ネットーの体制のなかで働いた。弟のアルバートは群馬県の中小坂鉱山を開発し、末弟のアーネストは高島炭鉱で働いています。

調べ始めた当初、鉱山技師でアルバート・ウォートルスって人がいて、建築にトーマス・ウォートルスって人がいることがわかっていました。ウォートルスは建築家のはずなのに似た名前の奴が鉱山開発にもいるということで、はじめのうちは混乱したんですが、今となってみれば兄弟だった。アルバートは大蔵省に雇われた兄トーマスを頼って、日本で一山当てようとやって来た可能性が大いにあります。だからトーマスは建築・都市計画で有名だけど、三兄弟は日本でちょこちょこ鉱山の仕事もやっていた。一応業績はあって、明治の鉱山史には名前が残っています。

では、なぜ鉱山技師のトーマス・ウォートルスに銀座の煉瓦街を造るようなことができたのか。

たとえば煉瓦街を造ったときの記録に、日本の瓦職人には煉瓦がうまく焼けないので、トーマスが当時最新式のホフマン窯を小菅に築いたとあります。トーマスは煉瓦の焼き方まで知っていたし、セメントも自分で焼くんです。渋沢栄一などは「若くてすごい奴」だった、「頼めば何でもできた」って言ってます。

鉱山技師っていうのは特殊な技術者で、まず鉱石を探し、そして鉱山を開く。鉱山はだいたい人里離れた所にしかないから、何にもない。だから、測量も金銀の分析も、煉瓦を焼きセメントを焼く、水路を造り電気を引く、工場を造って機械を据え付け運転する、とにかく全部やらないといけません。鉱山技師というのは産業革命のなかできわめて特殊な性格をもっていて、一つ一つ高度にできるかっていうとどれも高度にはできないけれど、全部そこそこできる大変新開地向きの技術者なんです。ウォートルス三兄弟はそういう人たちだった。

トーマスはいわばその技術の一つを発揮して銀座の煉瓦街を造り、日本では都市計画家兼建築家として名が残ってしまったわけですが、正体は鉱山技師だった。日本での仕事を終えたあとが謎だったんですが、いろいろ調査してわかってきました。僕らが上海で調査してるとウォートルスの名前が結構出てくる。上海はまだガス燈だったので、発電所を造り町じゅう電灯にした。これはトーマスがやった一番大きな仕事です。

中国で文化大革命が終わるくらいの頃に、横浜市と友好都市だった上海市に初めて行くことができました。厳しい制約のなか、昼休みに何とかウォートルスの事務所があった場所に行ってみたんですが、当時のものはもうまったくありません。地元の記録は残ってなくて、わかったのは都市計画で仕事をしていたということくらいでした。

ところが、ウォートルスはそれなりの名士だったから、当時の上海の英字新聞を追っていくと、アメリカへ行って何か仕事してるとか、あるいはニュージーランドへ行ったとか、そんな記事が出てくるんです。ニュージーランドへ行ったのはトーマス、アメリカへ行ったのがアーネストとアルバート。何しに行ったかっていうと、鉱山開発だったことがその後わかりました。丸山さんがニュージーランドへ行って調べてたら、ちゃんとした炭鉱を開いて、トロッコを引っ張るケーブルと着脱するクリップの特許まで取っていました。

そのトーマスも結局、コロラドで銀山を掘っていたアーネストの所に合流していきます。それで丸山さんと二人、実際にウォートルス三兄弟が掘ったコロラドの、ロッキー山脈の中にある銀山を見に行った。テルライドっていう鉱山都市なんですが、もう今はスキーリゾートに変わり、切り立った渓谷の奥の秘境になっている。魅力的な古い鉱山町がそのまま残って一種の観光地みたいになっているんですが、とにかくロッキーの高い峰の彼方で、よほどの覚悟がないと行けません。もう廃墟ですけど、そこで掘り出したものを選鉱精錬する下の方の施設の跡まで残っていました。

そんな所に鉱山町を造るので、鉄道も全部ウォートルス兄弟が引くわけです。テルライドとデュランゴの駅は、アーネストが設計したことになっています。トーマスがやったらもうちょっとマシだったんじゃないかと思わせる、ちょっとセコイ駅でした。

コロラド州の建築に詳しい建築史のトム・ノエル先生にお会いして、その後丸山さんがいろいろ調べてくれたんですが、デンバーはある時期のアメリカを代表する鉱山都市なんです。それは、サンフランシスコのゴールド・ラッシュのあとでシルバー・ラッシュが始まってからのことです。で、ウォートルスも、シルバー・ラッシュに群がった山師たちのなかにいたんだと思っていたらそうじゃなくて、むしろそのシルバー・ラッシュの元を作ったのがウォートルス三兄弟だった。大変な業績がある。

だから、デンバーの駅の真ん前に、ちょうど東京駅前の丸ビルみたいに桁外れにデカイ建物がドーンと建っていて、それがウォートルス兄弟のウォートルス・ブラザースって会社が建てたビルなんです。それで、あろうことかその一階に鉄道馬車の会社が入ってました。銀座にも鉄道馬車があったから、まさかウォートルスが日本の鉄道馬車をやったわけではないと思うけれど、なんかウォートルスと鉄道馬車、コロラドと銀座が変につながってる気がしました。

三兄弟のうち二番目のアルバートはイギリスに戻りますが、トーマスとアーネストはコロラドで生涯を終え、ここに葬られます。お墓を見に行ったら、もう市営墓地の本当の一番いい場所に立派なお墓がドーンとある。大変大当たりをして裕福だった末弟のアーネストが先に死んで、トーマスがお墓を作ったんですが、それがバカでかい石のお墓で、スタンディング・クロスという代物。これはケルトの伝統のスタンディングストーンの血を引く十字架で、トーマスはアイルランド人の誇りをもって設計したんでしょう。日本を離れてからは弟たちと本来の鉱山技師の仕事をしていて、設計はほとんどしていないはずだから、たぶんこれがトーマス・ウォートルス最後の作品だろうと思います。彼は有名な保養地の贅沢なホテルで最期を迎えますが、シルバー・ラッ

ウォートルスの故郷バーの街路

コロラドのウォートルス兄弟の墓

シュで大当たりしてきっとお金は山ほどあったんでしょう。

煉瓦街はどう造られたか

ウォートルスが造った銀座煉瓦街の実態っていうのはわかっていませんでした。銀座煉瓦街の碑っていうのがあって、そこに煉瓦街の煉瓦が積んであったんだけど、専門家が見ると贋物なんです。ウォートルスが小菅に造ったホフマン窯の煉瓦は特徴があって、まず普通の煉瓦より大きい。普通の煉瓦の規格は日本人の手に合うようになっているけれど、ウォートルスはそれ以前にやっていたから規格より大きくて、それをフランス積みっていう積み方をしています。焼きの温度が甘くて、ちょっと黄みを帯びるんだけど、それに当てはまるのは一個もなかった。

それで、三枝さんに何か出てくることがあったら知らせてくれるようお願いしていたら、あるとき連絡が入って、行ってみると間違いなくウォートルスの煉瓦が積んである。それで発掘したんだけど、面白かったのは土台まわりと暖炉に青石が使ってあったことです。青石というのは伊豆の青石ですけど、それを使ったというのは初めて知りました。それから、僕が掘っていた円柱のところから円を三分割した扇形の煉瓦が出てきた。ウォートルスはセメントを焼いてるんですが、どうも現場が相当いい加減にやったらしくて、セメントが全く使われてなかった。みんな漆喰です。誰かが誤魔化したのか、それともセメントの製造量が足りなかったのか、とにかく漆喰を使ってましたね。でも、上海の町なんか当時泥で積んでますから、それよりは漆喰の方がずっ

銀座街(明治大正建築写真聚覧より　日本建築学会図書館蔵)

銀座煉瓦街の煉瓦
(東京都江戸東京博物館蔵)

竹橋陣営(明治大正建築写真聚覧より　日本建築学会図書館蔵)

大蔵省造幣寮泉布観(増田彰久撮影)

といい。こうしてだいぶ実態がわかってきました。

当時、江戸東京博物館を作ることがわかっていて僕も委員の一人だったから、東京都がトラック一台とは言わないけど軽トラック一台分くらいは発掘したものを運んでくれました。それで、実際に江戸東京博物館ができ始めてそれを探したんですが、都のどこかの施設で保管した二、三年の間にゴミだと思って捨ててしまったらしい。

幸いその後もう一度ちゃんとしたのが出て、今はその煉瓦が展示されているんだけど、残念なことに、扇形の煉瓦がないんです。青石とちゃんとした暖炉もあって、扇形のだけがないんだけど、そういう形の煉瓦で円筒を作っていたことを記録しておかないといけない。小菅のホフマン窯で作ってますが、あれだけのものを焼いたんだから、ホフマン窯の性能は相当よかったんだと思います。あれは輪業っていって、ドイツのホフマンさんが特許を取った最新式のエンドレスで焼ける窯なんですが、それをウォートルスが日本で最初に作ったわけです。

実態はわかってきたんだけど、煉瓦街の復元がちゃんとできていなくて、資料はいろいろあったから僕がやりました。都が持っていた資料で一応全部復元できたけれど、大通りの図面だけが残っていませんでした。周りなんかなくていいから大通りさえ出てくれればと思ったんですが、ほとんどの通りに列柱が付いていました。ただ、裏側は江戸時代のままで、裏には風呂とか蔵とか物置とかがある、要するに江戸時代の商家です。それがそのままになっていた。煉瓦造の中は結構畳敷き、板敷きという実態がわかったわけです。

銀座はいつ日本橋を抜いたのか

　銀座のことではもう一つ、銀座がいつ日本橋を抜くかっていう大問題があります。これはなんとも調べにくいんですが、抜いたってことは当然みんな知っています。抜いた理由は明快で、煉瓦街が目指した不燃化による、つまり火事がなくなったためです。関東大震災で崩れますけど燃えたわけではなく、それはやはり煉瓦のおかげです。江戸このかたの木造の町は火事になるとまた一からやり直すことになって、結局資本の蓄積ができません。燃えては建て直すをくり返して、伸びたり縮んだりするだけで資本主義に成長しないんです。銀座は煉瓦街になることによって、そうした江戸時代の素朴循環経済を脱することができました。商業地区のレベルでの資本主義、初めて商業資本の蓄積ができるようになったわけです。

　また、煉瓦街に入った商売がみんな新しい商売だったということもあります。日本橋では芽の出ないような人たちが、近代的な商品を扱う店を銀座に開いた。そういう人たちの意欲が大きな理由なんですが、実は商業地区のどこがどこを抜いたかということを客観的に調べる方法はあまりないんです。唯一可能なのは地価なんです。地価は正直で、人が集まったからって地価が上がるわけではありません。やはり儲かっていてはじめて上がるものです。

　東京の場合、一筆ごとの地価は近代以降二度しか調べられていません。ひとつは地租改正をやったときで、明治政府が地価を決めなければならず、明治十一年に日本中の地価を決める。一筆一筆、よくあんなことやったと思うけど、そんなこと政府にはできませんから、実は政府の下で不動産屋がやってる。今でもそうですが、町の不動産屋は相当正確に知っていて、それで明治の政府は不動産屋さんと組んで地価を決めていきました。明治十一年の地価は、江戸時代のままの銀座でなく銀座煉瓦街ができた直後の地価です。それともう一度は関東大震災後、区画整理をしたあと、東京の全土地をやり直しています。

僕は地価の等高線というのを作りました。これは本当に面白いものです。明治十年に煉瓦街造りが終わりますが、銀座がスタートしたときには相変わらず日本橋がすごいんですね。図を見ると面白いのは、水運と道路との交点が高い。水運へのアクセスが一つの基準で、日本橋といえどやはり陸路と水路の交点が高くなっています。この明治十一年には、一番高い一等という地価は魚河岸につけた。一等地っていうのはそういう意味で、魚河岸が当時一番高く、あそこが一番お金を稼いでいた。次が三越の位置です。だから三越、魚河岸からズーッと下がってきて、銀座の大通りはそれほどでないけど横の方はもうひどい状態です。

それが昭和三年になると、まず水との交点が全部下がってしまいます。で、峰になっているところは何かというと、市電と道路の交点です。昭和三年になると、京橋の辺はまだ日本橋と並ぶくらいですが、やはり四丁目が完全に日本橋を抜いています。そういうことがわかりますが、ただそれがいつだったかって本当のところはわからない。いろんな説があって、たとえば「銀ぶら」という言葉が明治の三十年代頃できて、大正の初めにはその「銀ぶら」を楽しむ人がずいぶん増えてきた。そのあたりで日本橋と銀座が入れ替わったとする人もいます。

「銀ぶら」という言葉ができたことでわかるように、煉瓦街が買い物に大変都合のよい街路だっ

明治11年の東京地価等高線地図

地価は坪当り．等高線は2円単位．

昭和 8 年の東京地価等高線地図

地価は坪当り．等高線は 10 円単位．地形図の解読と同じようにして，都市のさまざまの動勢を読みとることができる．

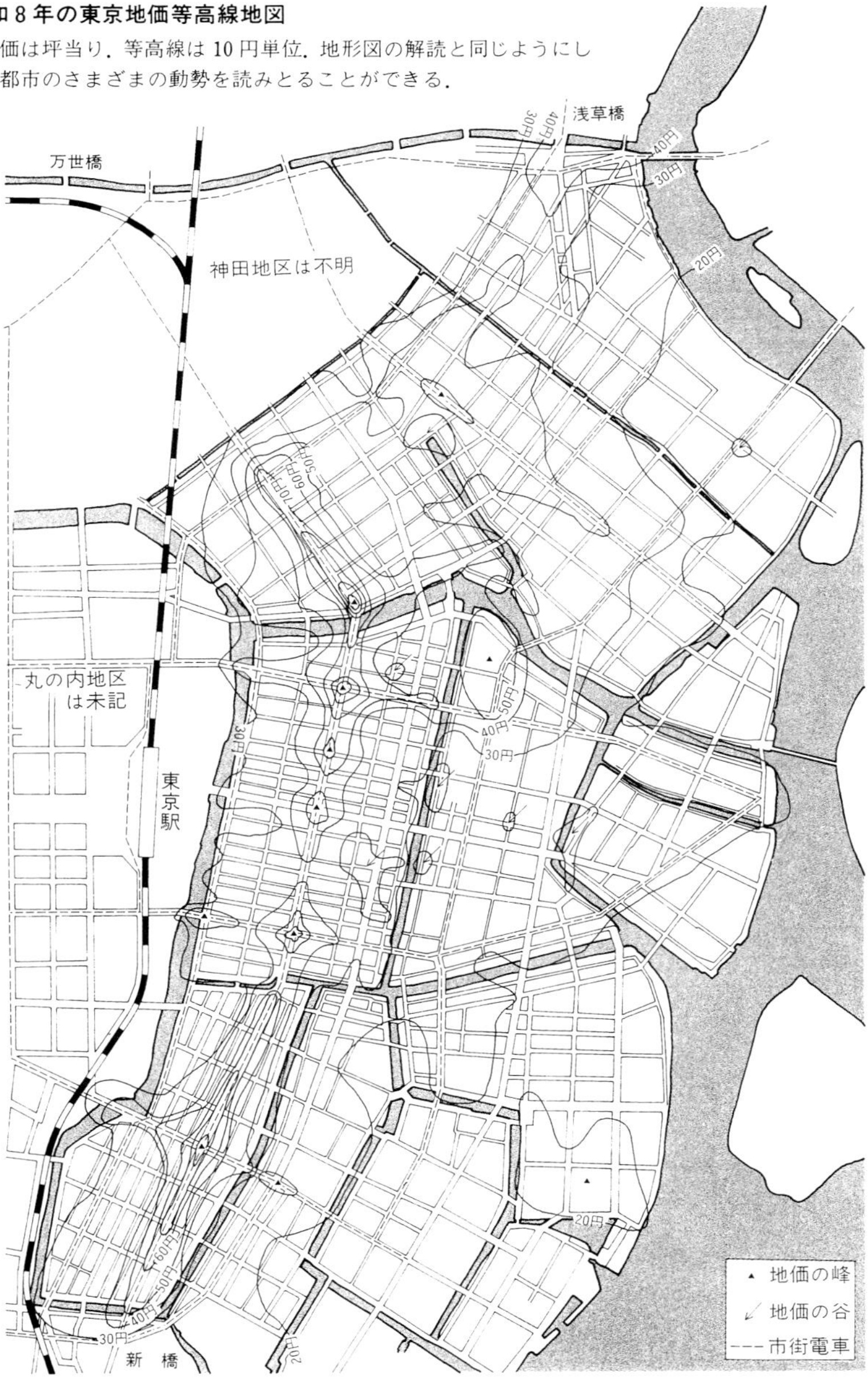

たことも、日本橋を抜いた大きな要因に挙げられます。安心して歩ける歩道は日本で初めてで、アーケードがあるから雨の日も濡れないですむ、煉瓦が敷いてあるから足元もぬかるまない、街路樹のおかげで夏も涼しい、ガス燈が点るから夕方になっても買い物を楽しめるなど、現在の商店街がもつ利便性が煉瓦街にはすべて備わっていました。それに加えて、煉瓦造りでガス燈の輝く街並みは、文明開化の先端を行く夢を与える空間にもなっていたのです。

また、店もそれまでと大きく変わりました。それまでのとくに日本橋の呉服や高級品を扱う老舗では、上がり框に腰を下ろしたお得意さんが店の奥から出された商品を選んでいました。つまり座売です。フリのお客さんは商店から見るとあんまり頼りにならないお客さんで、お得意さんを主に相手にしていた。

ところがそういうお客さんたちは銀座には来てくれない。それで結局、銀座では新しい商品を新しい売り方、立売形式で売る。上がり框が消えて土間にショーケースが置かれ、店の中が見えないようにしていた屋号の入った長暖簾が消えて……まあ今僕らが知ってるやり方です。店の前面、ショーウィンドーに一番いい商品があって、フラーッと来て、眺めて買う、買わなきゃ他へ行くっていう。で、ぶらつくだけで楽しめる、今の銀座ですね。

舶来のものを売ってる店も多かったし、横文字の看板もずいぶん早くから多くなったようだけど、スペルはどうも間違いだらけだったらしい。でも、読める人はいないんだから全然構わない。外人だけが面白がって間違いを採集してるんです。銀座がスタートした時点ではまだ日本橋よりずっと格が低いわけで、舶来のものを扱うんだけど、まあ言ってみりゃ山師のような人たちも大勢いたと思います。当たる人も当たらない人もいたけれど、新しい商品を商っている人たちが割合当たっていきます。

銀座という街は

こうして今の銀座の老舗というのができ上がっていくわけですが、銀座の老舗で江戸まで遡るところはあまりないんじゃないでしょうか。銀座ができたのは明治十年。日本の産業革命がだいたい二十年までに終わって、経済的にその成果が出始める。そうなるとみんなが洋風のものを欲しがるようになって、どんどん熱気を帯びてきたんじゃないかと思うんです。だから、服部とか木村屋とか資生堂とか、そのあたりからスタートした店は結構老舗化できたんでしょうね。

新橋－横浜間に鉄道が開通していたこともあります。築地の居留地には立教とか慶應とか新しい学校ができてきます、明治学院とかキリスト教系はだいたいあそこです。だから横浜からの文物、産業的な力、商売が流れ込んでくるのと、それからもう一つ、築地からの文化的なものがあの四丁目で合流するんです。明治十一年の段階では四丁目には何にもない。だから銀座煉瓦街ができた頃には、まだ京橋寄りの方が地価は高かった。それが昭和三年には四丁目交差点が一気に東京の地価の峰になって、富士山になってしまう。銀座の四丁目が交点になるんですよ、新橋から、築地から、そして丸の内方面からの。

銀座中央通りの道幅はウォートルスの時代からまったく変わっていません。だから二階建てだった当時はよほど広過ぎて、かなり運動場に近い状態だったでしょう。今がちょうどいいくらいで、変な言い方だけど賑わいが落ち着くんですよね。だからウォートルスはやり過ぎっていうか、一二〇年後に合わせてやったというか。ただウォートルスの実家の前の道はもっと広く感じるよ、ただの田舎町なのに。彼の頭の中にはそのイメージがあったのかもしれません。

関東大震災のときも、銀座では崩れはしても結構一階は残ったんです。見ると屋根が落ちてるだけで、でも壁は残って、土台まわりは割としっかりしてた。僕らが発掘したときも、家も一階の壁は大丈夫だった。二階が崩れてて、一階の壁と床と土台は大丈夫だったから、割と早く復興できます。その上に木造を載せるだけなので、震災から二カ月ほどでバラック建築の街並みができ上がった。

煉瓦壁の下の方は傷まずインフラは傷まなかったから、政府は銀座を区画整理の対象にしなかった。そのまま造りなさいって。第二次大戦後の復興でも変わらず全然動いていませんから、今でもおそらく木造のいくつかは壊すと中が煉瓦ですよ。

戦後の銀座は、それまでの歴史主義やアール・デコの建物が消えてややモダニズム一辺倒になった観がありましたが、ここへきていろんな建物ができるようになって、それはいいと思いますよ。ガラスの四角い箱は、工場とかオフィスはいいですけど、商店街に使うのはいかがなものか。オフィスというのは工場です、情報の工場です。

銀座は消費の場所です。消費の場所ってのは生産の場所と反対の性格をもたなくちゃいけない。そのようにしてバランスを取るわけです。生産の場所との違いというのは、まず個別性が強いということです。生産の場所というのは、大規模画一生産が今でも基本ですが、消費の場所は正反対で、個別性が強いことと、変化に富んでることが大事です。最近また建築もいろいろ賑やかになってきて、日本人も含めて世界的な人たちが銀座で仕事するようになってるから、ますます楽しませてもらえるといいなと思ってます。

銀座建築探訪

和光

なぜか誰でも知っている銀座のシンボル

この建物は誰でも知ってる。でも、どうして強く印象に残るか誰でも知ってるわけではない。あらためて考えてみよう。

四つ角に立ってるから。それもあるが、全国いたるところ四つ角あり。銀座の中心の四つ角だから。もちろんそれもあるが、日本橋にせよ新宿、渋谷にせよ中心の四つ角はあるが、角の建物がそう印象深いわけではない。

答えに近づくため、この建物と向き合う同じ立地条件の三つの建物の姿を思い浮かべてみよう。丸いのが一つ、角ばるのが二つあるが、この三つのなかでは丸いのがより印象に残る。和光が一度見ただけで忘れがたい印象を与えるのは、建物の角が交差点に面して大きくカーブしているからなのである。こうすることで、たとえば数寄屋橋方面から延びてきたストリートのファサード(建物の正面)は、銀座四丁目の交差点で切れることなく、中央通り側のファサードへと連続し、さらに日本橋方面へと続いてゆくことができる。視覚的にストリートを角で切らなかったことで和光の建物は強い印象を生むことができた。

街角へのこういう心配りをした建物は思い出しても意外と少ない。たとえば、銀座近辺では、今はなき有楽町の日劇がそうで、壁面を和光以上に大きくカーブさせてストリートの連続性を演出していた。さいわいその跡につくられたマリオンも、よき伝統を引き継いでくれた。銀座のストリートへの和光の貢献は、このカーブを選んでくれた建築家と建主のおかげにちがいないが、それに先立つもうひとつのおかげがあることを私としてはここに強調しておきたい。

「すみかき」。

漢字なら「隅欠き」。交差点に面する敷地の角をスッパリ斜めに欠くことをいう。もちろん、交通が交差点でスムーズに流れるように。

今では郊外の住宅地のなかでも隅欠きは見かけるから当たり前に思われているが、江戸時代にはそんな工夫はされてなかった。江戸一番の日本橋本町の越後屋(現・三越)さんの辻も直角のままだった。お武家さんも熊さん八つぁんも荷車もみな律儀にカクカクと曲がっていた。

ではいったいいつ誰がどこで、奈良の都このかた直角だった日本の通りの角を切ってしまったのか。このあたりのことは詳しくわかっていて(私が昔、調べました)、時期はチョンマゲとほぼ同じに切られている。正確には明治五年三月。日もわかっていて二日。

今から一三三年前の、なにが悲しゅうてか雛祭りの前日、銀座四丁目の交差点が日本で初めて切られたのだった。切ったのはトーマス・ジェームス・ウォートルスというアイルランド人。当時まだ二十九歳の青年だった。前の月の二月二十六日に大火で銀座は焼け、生まれたばかりの明治政府は、焼跡を当時日本一だった日本橋の商店街を凌ぐ不燃の街につくり変えようと企て、ウォートルス青年に計画を託した。二十九歳とはあまりに若く思うが、政府側の言い出しっぺの井上馨が四十六歳、渋沢栄一が四十一歳なんだから、これで十分。ウォートルスは、銀座のすべての通りを今の幅まで広げ、歩道を設け、そして四丁目の角を切った。現在の銀座の生みの親といってかまわないのだが、長らく、本当に長らく謎の人物だった。ところが、近年、銀座研究家の三枝進さんや建築史家の丸山雅子さんの努力で、私もちょっぴり貢献、ほぼ全貌がわかってしまった。うれしさのあまりアイルランドの生家を訪れ、アメリカのデンバーへお墓参りまでしてきた。

その生涯は、よくいえば世界の新開地を自らの技術一本に託して渡り歩く冒険技術者、悪くいえば山師。金や銀や鉄や石炭を求めて山野を跋渉《ばっしょう》し、見つかると鉱道を掘り、トロッコを敷き、工場を建て、発電し、機材を据えつけるというなんでもありの鉱山技師。

世界を渡り歩くというのは言葉の綾ではありません。文字どおりのことでありまして、アイルランドに生まれ、ロンドンに移り、香港に渡ってきて、その後、日本で長崎、鹿児島、大阪、東京で鉱山開発と銀座建設にひと仕事した後、上海へ、さらにニュージーランドへ、そしてアメリカのコロラドで銀山開発にたずさわっている最中に病を得て没している。地球を四分の三周。

山師らしく没落していずこともなく消えてほしかったが、お墓までわかっているように、コロラドのシルバーラッシュでひと山当てて、というよりカリフォルニアのゴールドラッシュに続く、かのコロラドのシルバーラッシュは彼の活躍によるところが少なくないことが丸山さんの最新の研究で明らかになってきた。銀とシルバーで当てた人物なのである。

ここでひとつ、珍しい室内を紹介しよう。読者のためならばと和光さんのご好意で、私も写真家の増田氏も初めて入れていただいた応接室である。厳密に確かめてみたわけではないが、おそらく初公開。昭和七年の完成このかた、七三年にわたって、銀座四丁目交差点の行き交う人々を眺めつづけてきた部屋なのである。木造風に仕上げられているが、戦前の欧米建築では、石や塗り壁ではなく、木を使ったほうが品格と柔らかさの両方をよく演出できる、という考え方があった。それを今に伝えている貴重な部屋である。

さて、和光の壁面のカーブにもどって、敷地が一三三年前に隅欠きされていたからそれに合わせてカーブさせることになったのだが、でも隅欠きは直線でなされているのにどうしてカーブにしたのか。今でも、敷地そのものは直線に切られ、直線に内接してカーブが描かれている。

カーブは誰の発案だろう。可能性のあるのは建主の服部金太郎と建築家の渡辺仁。

服部金太郎は時計のセイコーの創業者にして、銀座の発展に尽くした立志伝中の人物として知られる。朝野新聞から引き継いだ初代服部時計店の建物も、交差点を意識し、建物の正面を交差点に向け、時計塔をのせていた。でもカーブはさせていない。

私は、渡辺仁がカーブを選んだとにらんでいる。なぜなら、先に述べたもうひとつの街角カーブ建物の代表作日劇を設計したのも彼だからだ。でも小さな謎が残る。壁面はカーブしているのに、どうして時計塔は四角なままなのか。服部さんがチョコッとのせたような気もするし……。

夜の時計塔

p.40 時計周り装飾
p.41 建物の角がカーブ
p.42-3 外壁面の装飾

p.44 応接室
p.45
ウエストミンスター式チャイム（上）
アール・デコ様式の階段（下右）
階段室アーチ形窓（下左）

ヘルメスの杖

服部時計店の商号

砂時計

天鏡儀

歌舞伎座

三角破風のギリシャ神殿風で出発して三度変貌、さらに今……

今の東京でこのような姿の大建築を見かけることはほとんどない。どうして歌舞伎座はこのようないでたちにいたったのか、根は深い。深いだけでなく、こんがらがっている。

今の建物は大正十三年十二月に完成し、戦災の後、昭和二十六年に内部を主に改修して、現在にいたるのだが、一一七年前に創設されたときは、今とは逆に洋風につくられていたのだ。

歌舞伎の劇場といえば和風だろうと思いやすいが、明治のころはむしろ逆だった。

名前くらいは聞いたことがあるだろうが、演劇改良運動というのが劇界に猛威をふるった。坪内逍遥とか福地桜痴とかの知識人が音頭をとり、政府が法令を出し、渋沢栄一や岩崎家のような新興実業家が後押しして、歌舞伎をヨーロッパのオペラを手本につくり変えようとした。欧米外国人に恥ずかしくないよう、新しい市民社会の道徳確立に役立つよう、天皇もご覧になれるよう、江戸歌舞伎のぬれ場、残酷、責め、殺し、ゆすり、たかり、といった色と悪と荒唐無稽を改良し、ヨーロッパのようにリアリズム化しよう。この運動に、いくつかあった劇場も役者も翻弄される。

とすると、明治二十二年、東京の洋風化、近代化をリードする銀座と築地外国人居留地の間の木挽町で創設された歌舞伎座が、伝統のスタイルをとるわけがないだろう。歌舞伎座は、当時の歌舞伎界では「素人の始めた新興勢力」と見なされていたのだから、なおさらだ。劇場の正面にはアーチが並び、ギリシャ神殿に由来する三角破風がそびえる。

新興勢力たる歌舞伎座がスタートして十数年すると、明治四十年、さらなる一大新興勢力が出現する。丸の内のオフィスビル街の一画に、皇居に面して、パリのオペラ座を手本に、内外ともに一〇〇パーセントヨーロッパ式をとる帝国劇場がオープンした。演劇改良運動の総集編といっていい。

器はパリのオペラ座といっても、当時の日本にオペラがあるわけではない。〈ハムレット〉や〈人形の家〉も出すが、どうしても歌舞伎が欠かせない。「今日は三越、明日は帝劇」の内実は、「今日は三越の呉服売場、明日は帝劇の歌舞伎」なのである。

当時、歌舞伎界の中核に成長していた木挽町の歌舞伎座に激震が走る。尾上梅幸(六代目)、澤村宗十郎(七代目)、尾上松助(四代目)、松本幸四郎(七代目)といった大御所連が、銀座方面と丸の内方面を分かつ外堀(現・山手線)を飛び越えて、丸の内、つまりは帝劇へと移ってしまったのである。

理由もある。江戸このかた、歌舞伎劇場と客との間に介在していた歌舞伎茶屋の制度を丸の内は克服していた。普通の女子供でも、切符代だけで、観劇できるようになった。それまで客は、茶屋を通して切符を買い、当日茶屋に入って一休みしてから劇を見、幕間にはお金持ちの女性連はお色直しをし、ハネると茶屋の二階で飲食をする。切符を買うだけでなく、奥女中の江島のように、役者を買う場でもあった。

今となると、そういう制度も残しておいたほうがよかったようにも思うが、とにかく、歌舞伎界は二つに割れた。

で、本家歌舞伎座は、対抗すべく、五代目歌右衛門を軸に反撃に打って出、明治四十四年、創立以来の洋風の建物を、純木造物風に建て替える。そっちがヨーロッパに向かうなら、こっちは日本の伝統に回帰する、という宣言。

幸い、歌右衛門の頑張りと観客の支えで持ち直すが、木造では地震や火事に危ないし、衛生設備もよくないので、鉄筋コンクリートに建て替える、といっても伝統のスタイルにすることに決め、大正十一年に工事を始め、途中、震災にあい、大正十三年十二月に完成する。それが空襲で被災し、外壁を残して内部を主に改修して現在にいたるのである。

手がけた建築家は岡田信一郎、戦後改修は吉田五十八。

こう書き並べて、奇妙な一致に気づいた。二人とも、偶然か必然か、当代きっての粋筋を妻としている。歌舞伎界には、そういう嗅覚でもあるんだろうか。

まず岡田信一郎から。帝国大学の学生時代、思いを寄せていた女性が親友の鳩山一郎と結ばれて、鳩山薫となってしまい失恋。その後、今度は逆に自分が友人の未亡人と結ばれることになるのだが、この未亡人がただの人ではなかった。戦後でいうなら吉永小百合というべきか、大正期の美人ナンバーワンとして鳴らした万龍である。赤坂の花形芸者出身だが、結婚引退し、数年して夫と死別し、なにかと相談に乗ってくれた岡田と結ばれたのが、大正七年。

東京美術学校教授と花形芸者の結婚としてジャーナリズムにあれこれ騒がれた。その後、設計が始まっているから、なにか関係があるかもしれない。賢夫人、内助の功で今も建築界で語り伝えられる万龍さん(本名、田向静)が、昔の筋をたどって仕事に結びつけたのかどうか。

吉田五十八の粋筋夫人については、夫人にインタビューしたことがある。粋筋出身だからしたわけではなく、それが私の学術的任務だからしかたがない。吉田夫人は、昭和初期、静岡の粋筋にあって、東海道三大美人の一人にうたわれている。以下は臈長《ろうた》けた夫人の話。

五十八は太田胃酸のオーナーの太田信義が五十八の歳にできた子で、母が早逝し、兄嫁に育てられる。兄嫁は「今淀君」と呼ばれ、着道楽、歌舞伎道楽のかぎりをつくすのだが、溺愛する五十八少年を、そうした世界に伴う。

今淀君のせいで吉田五十八は、歌舞伎の内側に近い位置で育ち、長唄を習い、建築家になってからも変わらず、団十郎が助六を演ずるときは、河東節で必ず参加していたほどだったという。

戦後の改修を吉田が手がけたのは、空襲にあった我が家を直すようなものだったのである。

[歌舞伎座は二〇一〇年十月に建替新築工事が始まり二〇一三年春の落成を目指している。]

p.51 正面入口唐破風
p.52-3 伝統的和風意匠の外観
p.54-5 約2000席の場内

芸術祭十月大歌舞伎
芸術祭十月大歌舞伎

芸術祭十月大歌舞伎

本日初日

p.56 2階に創業者と明治期名優の胸像
p.57 貴賓室に大観の「富士山」

座紋「鳳凰丸」の軒丸瓦

二葉鮨

鮨屋台を再現するなど江戸の名残を今に伝える

木挽町、今で言うと銀座四丁目十番地に、二葉鮨がある。江戸・東京の鮨界最古の一つとしてその筋では名が通っている。開業は明治の初め。一三〇年の暖簾を誇り、当代の小西亜紀夫さんが五代目。

木挽町は江戸開府の折、名のとおり木材の集積と製材の職人町として始まり、以後その性格を少しずつ弱めながら、今も材木屋が一軒、最後の灯を守っている。

小西家は、鮨屋五代の前には、「渋亀」なる屋号のアク洗い屋だった。古くなった家の柱や長押《なげし》などに浮き出た木のアク(樹脂)を抜く仕事で、もちろん木挽町ならではの商売。先祖は伊勢の出と言うから、伊勢からも多く運ばれた紀州の木材や薪炭といっしょに木挽町に住み着いたのだろう。

二葉鮨の前に立つと、歌舞伎の舞台でも見ているような錯覚にとらわれる。あたりの環境とあまりに違い、劇か映画用にでも古色をつけてつくったように見える。まわりは十数階建てのコンクリートのビルなのに、二階建ての木造で、それよりなにより店の構えが普通ではない。左側半分がヘンなのである。壁の途中が張り出して屋台のようなつくり。中華街に行くと、店のコーナーを通りに向けて開け放し、焼売や肉まんのような名物を売る老舗を見かけるが、あんな感じ。

お持ち帰り用の鮨の売場かとも思ったが、ご主人の小西さんに訊くと、昔の屋台の再現だと言う。

鮨は、その昔、スタートしたころには屋台だったたと読んだり聞いたことのある人は多いだろう。蕎麦もそうだった。でも、いくら古くからの鮨好きでも、実際に鮨屋台を見たり、そこで食べたことのある人はいないはずだ。戦後のある時期まで、銀座の通りは夜になると出店や屋台でにぎわったと言うから、あるいは鮨の屋台が混ざっていたかもしれないが、衛生や水の不便を考えると蕎麦はあっても鮨は難しかったのではなかろうか。もしあったとしても、江戸の風情を感じさせるようなつくりではなかったろう。

「江戸の風情」、と書いてからその中身を泥縄で考えているのだが、屋台程度の建物で、江戸の風情はどんなつくりに現れるのか。板を並べただけの小さな屋根というか軒。細い柱、細い格子や薄い板のつくり。そして暖簾。でもこの程度でいいなら、戦後焼け跡闇市の屋台も江戸の風情になってしまう。

なにがポイントか。三谷一馬の江戸商売の絵図を思い浮かべて思うに、障子の存在ではないか。それも屋台の大きさに合わせた小さな障子があって、灯が入り、障子に描かれた屋号をポーッと浮き立たせている。屋台は昼から出てもかまわないだろうが、イメージはやはり夕暮れから夜だ。小西さんによると、昔の鮨屋台は銭湯の前によく出ていたと言う。職人さんなんかが、仕事を終えての風呂上りに、キレイな手でちょっとつまんで小腹に入れる。風呂上りの小意気な職人と灯の点る小障子の風情はピッタリ。

二葉鮨の再現屋台も、左右の袖に小障子がはめられている。最初見たとき、戦前につくられた伝統的な鮨屋の建物が今もあるのかと思った。それほど江戸っぽく映ったのだ。でも実は戦後の昭和二十六年のつくり。

建築史を本業とする私が気になるのは、このいかにも江戸っぽい屋台のつくりがどれだけ本物に近いかどうか。

これを戦後につくったのは、現五代目の祖父にあたる二葉鮨三代目、小西三千三である。三千三は、明治三十六年、二葉鮨の跡継ぎとして木挽町で生まれ育ち、大正・昭和と鮨の世界で生きている。

ものの本によると、明治の末年に氷を使う冷蔵庫が工夫され、屋台では冷蔵庫が使えないので屋台が消え、店の時代が始まるそうだが、とすると、江戸の伝統を継ぐ屋台が次第に消えていったのは大正期のことだろう。

明治三十六年生まれの三千三は、屋台の時代の最後を鮨屋として生きているのだ。戦後とはいえ、その再現はそうとう正確と見ていい。

でも、屋台の時代とはいえ、三千三は、屋台を引いたり屋台で握ったりしていたんだろうか。屋台の鮨屋で三代目というのはなんだかヘンな気がする。

初代は屋台だったかもしれないが、三千三のころには、内店《うちみせ》の鮨屋だった。冷蔵庫出現以前、鮨屋には屋台と内店の二つがあって、内店は出前専門。

二葉鮨は好都合な場所にあった。魚河岸のことではない。魚河岸が築地に来るのは昭和の初め。歌舞伎座である。歌舞伎座の楽屋の出前の鮨を、一手に握っていたのだ。鰻を一手に裂いていたのが竹葉亭。

先代、中村吉右衛門の句。

芽柳や楽屋の前に二葉鮨

子供のころの三千三は歌舞伎座の楽屋が遊び場。楽屋で遊びながら、舞台の台詞を聞き、鮨を届ける幕間のタイミングを、店に伝えに帰らなければならない。

三千三は、歌舞伎と鮨の架け橋という珍しい育ちをし、三代目を継ぎ、店で鮨を握るようになってからも、先代の勘三郎とは、若いころからの遊び仲間として、親しく付き合っていた。ちなみに、戦後、昭和天皇と鮨の架け橋もしている。

最初、店の前に立ったとき、なんとなく舞台の上の大道具のような印象を持ったのは、店の構えがどこか歌舞伎的だったからかもしれない。と言っても、三千三の指示を受けて実際に手がけたのは大道具方ではなくて、れっきとした腕っこきの宮大工である。

歌舞伎っぽいのは屋内のつくりで、鮨屋・蕎麦屋には類例のない風除室(北海道の家屋で見て取り入れた)を通って店内に入ると、カウンターの正面が入口のほうに向くようカーブしている。舞台っぽい。

カウンターの左手の襖はもっと舞台っぽくて、お客様が入った頃合を見計らって、裏の小部屋というか三千三の気持ちで言えば楽屋から、座主ごあいさつに三千三が出てきたのだと言う。

p.63 江戸の屋台を再現する店構え
p.64-5 カーブしているカウンター
p.66 ビルに囲まれた2階建て木造の店

寿司

泰明小学校

建築家・佐野利器が万難を排し震災復興計画を貫いて

日本でいちばん有名と言っていいかもしれないこの小学校は、今年で創立一二六年になる。ある時期、銀座の子供が減り、「ついに閉校か?」のニュースが流れたが、今は銀座外からの子供でもち直し、三八〇名ほどが学ぶという。

教室の窓から眺めると、校庭があって、その向こうに小さな公園が見え、公園の先にはすぐ銀座のにぎわいが広がるのだが、小さな公園が緩衝帯として働き、小学校の敷地は隠れ里的な空間となり、日本一の商店街の喧騒とは別に、子供たちの元気な声が校庭にひびいている。

街と小学校との関係はむずかしい。その地域で生まれ育つほとんどが通った、ただ一つの公共施設として地域の中心に違いないが、しかし市役所や図書館のように街に向かってオープン化すればいいわけではなく、子供の学びの場として静けさや落ち着きも欠かせない。開かれつつ閉じ、つながりつつ切れなくてはいけない。

泰明小学校の場合、校庭とそこに隣り合う数寄屋橋公園がこのむずかしい調整を受け持っているのだが、たまたまそうなったわけではないことを知っておいてほしい。泰明小以外の震災復興期につくられた都心部の、たとえば日本橋の常盤小とか神田の錦華小とかになじみのある人ならハハンそうだったのかと膝を打ってくれるように、どの学校にも小公園が決まって付いている。

偶然ではない。震災復興建築をリードした当時の東京市建築局の建築家たちの、私の先輩たちの、必死の努力のたまものなのである。

震災復興の計画は、始まってみると、総論賛成各論反対の巣窟状態で、具体的には貴族院に集う大地主層と中小地主でもある商店主層の猛反対にあい、縮小につぐ縮小を余儀なくされたが、そうしたなかで、最後まで計画遂行を志したのは、復興を担当した官僚ではなく、意外かもしれないが建築家たちだった。

彼らがなんとしてもこれだけは、と職を賭して進めた計画は二つあって、第一のテーマは、焼跡全域の区画整理。議会と市民の猛反対を前に、復興計画全体をリードする内務省都市計画官僚の池田宏は政府内決定の土壇場で日和ったが、しかし、池田と組んで復興建築の技術面をリードする建築家佐野利器《としかた》が断固初志を曲げず、自ら街頭でビラまでまき、ついに区画整理を政府方針とし、実行にこぎつける。

区画整理によってひねり出した公有地の使い道の第一はもちろん道路網の充実だが、それだけでは都市の質は上がらない。なんとしてもこれだけは充実させたい施設として彼らが選んだのが小学校だったのである。

第二のテーマは、東京の新しい街づくりの核としての小学校。小学校を教育にとどまらず地域社会の核にするために、校庭の隣に小公園を設けよう。小公園と校庭の境は、塀は付けるにしても見回しのきくようにしよう。校庭と道路とを区切る塀は、道路を通る親からは見えても中の子供の気が散らないよう、高さは大人の目と子供の目の中間に設定しよう。さすがは建築家、芸が細かい。

でも、せっかくの地域のセンターがいざというときに燃えてしまっては元も子もない。耐震性と不燃性を併せ持つ鉄筋コンクリート造りにしなければならない。今では当たり前だが、八〇年前、普通の建物は木造で、立派な建物は煉瓦や石造りの時代に、当時まだ試行状態にあって値段も数倍はする最新技術を小学校に投入した。

「築八〇年、鉄筋三階、日当良好、公園隣接」

この泰明小学校が生まれたのは、以上のような事情による。

一見すると「築八〇年」とは思えぬくらいに現代的だが、細部に目をこらすと昭和初期らしさがにじみ出ている。

まず全体は、塔やギリシャ風列柱など立てずにアッサリと箱型に構成する。合理性、機能性を旗印に当時勃興中のモダニズムデザインの影響にほかならない。とは言っても、東京市建築局としては、前衛的な若い建築家連中みたいに四角な箱に四角な窓だけではどうも落ち着かない。なんだか目の止まりどころのない淋しさがある。ギリシャだローマだルネッサンスだといった歴史的な装飾デザインはやめるにしても、幾何学的な装飾くらいは付けたいし、アーチの窓もほしい。こういう過渡的な気持ちが、建物のあちこちの装飾部分に表現されているのである。〈アール・デコ〉と今日では言う。

教頭先生に理科室を案内してもらった。校舎の写真のいちばん遠くに見えている出っ張りの三階部分がそう。

当時、東京帝国大学教授、帝都復興院建築局長、東京市建築局長、の三役を務めていた建築家佐野利器が、東京市建築局長として断固つくったのが理科室だった。彼は名前のとおり直接役立つものが好きで、芸術とか倫理とかには興味のない徹底した合理主義者、科学主義者として知られていたが、学校教育を握る東京市の教育局とうまくいかない。当時の教育局は、修身教育を重視し、とりわけ女子の躾教育に力点をおき、一般教室のほかになにかもう一つ特別教室を、という判断にあたっては、行儀作法と裁縫のための作法教室を選んでいた。そこに震災を機ににわかに落下傘降下してきた建築局長が、「そんなものいらん、二十世紀は科学の時代じゃ、理科室をつくれ」と言い張る。畳敷きの作法室か、それとも実験台の並ぶ理科室か。

言い張るだけならまだしも、実力行使に出るからたまらない。東京市教育局長が発注して作法室をつくると、数日後、東京市建築局長が、建設会社を動かし、撤去させてしまうのである。

この一件があって、復興後小学校には理科室がつくられるようになる。

で、理科室を見せていただいたのだが、残念ながら当時の実験台などは残っていなかった。作法室の流れをくむ家庭科室も見せていただくと、面積も造りも理科室のほうが立派に見えて、私としてはうれしかった。

p.71 正面入口上部装飾
p.72-3 3階にアーチ形の窓
p.74 正面入口列柱
p.75 アール·デコの装飾

4-2
3-1

泰明小学校

ソニービル

世界にも類のないショールーム専用の建物

銀座といえばソニービルという一時代があった。和光のある四丁目の交差点を凌いだとまでは言えないにしても、一九六〇年代後半のソニービルの角は、四丁目交差点に並ぶほど注目され、銀ブラの楽しみの一つとなった。有楽町駅を降りると、まず日劇、ついでソニービル、そして和光、という順に視線をリードされて銀座の街に入ったものである。

戦後の銀座のシンボルとなったビルに違いないが、建てたソニー創業者の盛田昭夫も、設計した建築家の芦原義信ももうおらず、気がつけば当事者はだれもいないという銀座史研究のお定まりのコースに片足が入り始めているので、今のうちに関係者に会って話を聞いておきたい。

幸い、盛田さんの下でビル計画に参加した黒木靖夫さんを知っている。ソニーでウォークマンを手がけた後、会社を離れ、今は富山総合デザインセンターの所長を務めておられる。黒木さんによると、すべての発端はニューヨークだった。〈プロジェクトX〉が描くように、トランジスタラジオを携えて苦心惨憺アメリカ進出を果たしたソニーは、ニューヨークにショールームを開くことになり、盛田は黒木を呼んで担当させる。全商品を手にとって使ってみてもいいという見せ方が大成功を収め、ニューヨークに倣って日本にも本格的ショールームを、の計画が始まる。正確に言うと、ソニーだけでなく他企業にも入ってもらうショールーム専用ビルの計画が始まる。

場所は今の場所に最初から決まっていた。なぜなら、現在のソニービルの角っこの三角形の場所、ソニースクエアと名づけられ四季折々の催し物を街ゆく人に提供している例の三角形の土地のところに建坪二〇坪ほどの小さなビルがあり、ビルと言っても空襲で焼けたのを仮補修したものだが、その一階を借りてショールームにしていたからだ。三角形の敷地はまともには使えないし、だいいち狭すぎる。で、隣地の買い取りにかかるのだが、これが難しい。地権者、借地権者、借家人の数は二〇〇人にものぼり、中には又借りの又借りをしている場合もあって権利関係はこんがらがった糸状態。江戸このかた三六〇年の一筋ならぬ歴史を土地の上に刻む銀座という街の藪の中をつついたようになって中止も考えたが、めげずに交渉し、結局二〇〇坪を二一四坪まで広げることができた。

さて建物である。日本初はむろん、世界にも類のないショールーム専用のビルはどんなものがいいのか。なかなか決め手がない。で、窮した盛田は、芦原義信とソニーの担当の井上公資と黒木靖夫と倉橋正雄をホテルオークラの一室に集め、徹夜のブレーン・ストーミングに入る。突破口を開いたのは既存の意外な建物だった。ニューヨークのグッゲンハイム美術館である。

盛田がこのフランク・ロイド・ライト最後の傑作の名を口にしたとき、ニューヨークを知る芦原と黒木はピンときたが、あとの二人はキョトンとしていたそうだ。グッゲンハイム美術館は、外観はカタツムリのような建築らしからぬ奇妙な姿をしていて、中に入ると縦長の大きな吹き抜け空間の外周を斜路がグルグルと回り、参観者はまずエレベーターで上まで昇り、グルグル回り下りながら壁の絵を見るという構成になっているが、盛田が着目したのは、まず上って後は自然に下りるという点で、こうすればショールームの常としての上の階へ行くほど客が少なくなるという難題を解決できる。

ここに平面のコンセプトは決まった。しかし、敷地は吹き抜けを取るほど広くはない。で、芦原が吹き抜けなしでもなんとか回りながら下りる平面を工夫する。一つの階の床面を四つに分け、それぞれが四分の一階分の高さずつ下るのである。一回り四段の巨大な回り階段と思っていただきたい。芦原は〈花びら構造〉と呼んだそうだ。

かくして徹夜会議で平面のコンセプトが決まり、さらに、当初の焼けビルのあった三角地に建物はつくらず、空地として街に開き、さまざまなイベントに供することが決まる。この、土地一升金一升の銀座で角地を建物として使わないということは、ちょっと計算すればわかるように、その面積掛けることの階数分(ソニービルの階数)の貸床面積が減ずる結果になる。

この英断については、現場で芦原が提案し、ただちに盛田が賛同して決まった、と建築界では伝えられている。芦原は、戦後、第一回のフルブライト留学生としてハーバードに学んだ建築家で、常日ごろから、欧米の都市建築が都市全体の利益や景観への配慮を欠かさないのに日本はそうした都市意識が薄いことを嘆いていた。日本で戦後初めて都市景観のあり方を唱えた『街並みの美学』(一九七九)の著者でもある。

建築の設計が決まると、いよいよここからが盛田の真骨頂。黒木は盛田を「天才セールスマン」と評するが、一階はソニーが使うとして、それより上の六階分の床をショールームとしてセールスしなければならない。近くの新橋にすでにショールームを持っていたトヨタを口説き、当時の国営会社でショールームなど不要な専売公社を言いくるめ、フジフイルムや東レや伊勢丹のマミーナを誘うことに成功する。建設した大成建設も入る。地下はどう使うか。今のように地下の制限はなかったので、実に五階分も掘ってしまった。二つ珍しいのが入る。一つはマキシムで、盛田がパリでオーナーを口説いて進出してもらう。もう一つは、ソニー直営のソニープラザで、ニューヨークのドラッグストアを手本に、まだ日本にはなかったクリネックスのティッシュやリプトンのティーバッグなどを売る。

盛田は電化製品にとどまらず日用品への関心が強かった。長男の盛田英夫さんに聞くと、すべての商品とその技術に関心があり、家に帰ると夜遅くまでなんだかんだつくっては壊し、壊してはつくることに没頭し、たとえば耳が遠くなった父親のための補聴器も手づくりしたという。ラジオなみの大きさで実用性は乏しかったそうだが。

かくして、一九六六年四月二十九日、ソニービルはオープンする。ソニースクエアでの出し物は八丈島などから樹木を運んでのミニジャングル。テーマは、銀座にもっと緑を。そして一年で最大、七五〇万人もがビルに入ってくれる大成功を収めたのだった。

なお、大通り側の外壁はソニーのポータブルテレビ用の五インチのブラウン管二三〇〇個が埋め込まれ、中の蛍光灯を点滅して、「火の用心」などと表示していたが、一九九二年以降は壁画に変わっている。

p.81 夜のショールーム
p.82-3 数寄屋橋交差点角のソニービル

SONY

英会話
ECC
Nikon House

巨大な回り階段〈花びら構造〉

メゾンエルメス

オパール光沢を発するガラスブロックの偉容

いつ頃からか銀座に欧米系のいわゆるブランドの店が現れるようになり、改めて歩いてみると、町並みの中にそうとう重要な地位を占めていることに驚かされる。

言ってしまえば、二十一世紀初頭の銀座は、日本の老舗と欧米のブランドの街。これが五〇年後にどうなっているのか楽しみだが、私には見ることはできない。

欧米系ブランドの店の前を通りがかり、建築のたたずまいを知るにつけ、それまでの銀座の店とはだいぶちがうと思った。ファッション関係だから外から中の華やかさがすぐ分かるようにオープンにしてるかと思ったら、むしろ逆で、ショーウィンドウにいくつかの商品を小じんまり上品に見せてはいるが、店の中全体は外からうかがえないようになっている。

それどころか、入口に、どこから探してきたのか直立した美形の偉丈夫が威丈高に安置され、それを見ただけで、私など気後れしてしまうが、利用した、ではなかった買物したことのある若い女性たちに聞くと、「ベツニー」だった。あの像は、若い女性の目には威圧感とは反対に好ましきものとして映っているのだろう。そうでなければ置くはずがない。

ブランドの店の建築には共通した特徴があって、外壁の質感がシャープで薄い。硬い材質ででき た高価な膜をバシッと張ったように見える。丸い穴を点々といくつもあけた幕を張ってたりする。

日本の老舗の店にくらべるとこの〈膜性〉は顕著で、いつでも剥げる、脱げるということか。脱いでどっかへ移るつもりなのか。

そうした海外ブランドの中に、一〇年前、ヘンなのが一つ混じった。エルメス。

硬質感に包まれてはいるが、薄くはなくむしろそうとう厚い。重さも感じる。ほとんどのブランドの店はガラスを着ているが、この店はガラスではなくガラスブロックをまとい、そのブロックも普通の大きさより二回りほどデカい上に、何か処理がしてあるらしくオパール光沢を発する。

ガラスという鉱物性透明物体には相反する性格があって、空気のように非在を示すときと、もうひとつ、こっちの方は珍しいが、透明な石としての存在を示す。エルメスはもちろん後者。オパール光沢を帯びた透明な石が筒状に銀座の空に向って伸び、ふつうは伸びた先にはサインがあるかないかして終わるが、このビルは何を思ったか一番てっぺんで馬が二本脚立ち、人物が旗を掲げて乗っている。ジャンヌ・ダルクかナポレオンか。

いつでも剥げる脱げる感ゼロで、むしろ、ここを根城に勝負に出てる感八〇%。残りの二〇%は、銀座に馬の不可思議感。明治の馬車鉄道以来の銀座に馬。

ブランドには異例な存在感によってエルメスのビルは強く印象に残り、さらに雑誌で設計者がレンゾ・ピアノであることを知り、あれこれ納得した。

ピアノは、パリのポンピドゥー・センターの設計で、建築配管や鉄骨の仕組みを前面に出し、というか、配管や鉄骨がかもす美学を前面に出すデザインで世界に衝撃を与えてデビューし、以来、ムキ出し続けてン十年。ガラスをキンニクのようにムキ出したのが銀座のエルメス。

その馬とガラス筋肉の建物の中に入る日が来ようとは思っていなかったが、あるとき、エルメスの中にあるギャラリーでイサム・ノグチが若いころに撮った写真の展覧会があるというので、出かけた。イサム・ノグチは若い無名時代に、フランスのカルナックのスタンディング・ストーン群を見ているのではないか、との推測をずっとしていて、確かめに出かけ、確かめることができ、以後、私のイサム・ノグチ観はカルナックを軸とするようになる。「物が存在する」とはどういうことなのか。

もしイサム・ノグチ展がなければ、エルメスから企画が持ちこまれたとき、「ブランドなど自分のイメージに合わない」と躊躇したかもしれないが、物が存在するということの意味を考えつづけ石で表現しつづけたノグチに興味を持つギャラリーなら大丈夫、と引き受け、二〇〇七年に「四畳半展」をやった。その後、二〇一〇年の「市井の山居＝細川護熙展」には会場の設計をし、仮設の茶室もつくった。

エルメスが銀座に登場したとき、その外観から他のブランドとの違いは気づいていたが、ギャラリーでの企画を通して建物の中を見せてもらい、商品造りについての考え方を聞き、なんで馬なのか、なんで存在感なのかがわかった。

まず馬は、エルメスが馬具職人からスタートした歴史による。馬具は、ヨーロッパの騎士にとっては日本の武将のヨロイ同様で、生命を預ける重要物品、あだやおろそかに手がけるもんではない。ビルのてっぺんはジャンヌ・ダルクでもナポレオンでもなく、フランスの騎士の姿。

馬具職人からブランド製造に転じてもあだやおろそかに商品を作ってきたわけではないことを、日常的には公開していない展示室を見せてもらって納得した。〈エルメスミニ博物館〉ともいうべき内容で、一〇〇年以上にわたって世に問うてきた商品が並ぶ。男物から女物までいろいろある。たしかゴルフ用時計付ベルトもあったように思う。

ここに並ぶようなクラシックな商品でも、もし持っている人がいて、直してほしいと持ち込まれればちゃんと修理する、という。その材料もデータもそして然るべき職人も整っている。銀座の場合、フランスからも数名の職人が常駐し、修理を手がける。

先に、「二十一世紀初頭の銀座は、日本の老舗と欧米のブランドの街」と書いたが、欧米ブランドの中には、商品だけでなく、老舗の誇りと物造りの技術を銀座にそのまま持ち込もうと志すブランドもあることを知って、情報より物が好きな私はうれしくなった。

エルメスのビルが、他のブランドと違い例外的に物としての強い存在感を見せるのは、物を造って売るということへの考え方のせいだと思う。材料と情報があって機械があれば、物は商品として価値を持つが、これに人の手が加わらなければ、商品としての意味を持つことはできない。

ミニ博物館と職人のほかにもう一つ私が気に入ったものがある。日頃は公開していないが、最上階の一部が屋上庭園としてつくられ、緑も茂り、花も咲き、水辺もあってビオトープ(まとまりを持った生態系)化し、野鳥も巣をかけているから、うんと大袈裟に言えば、銀座の屋上に緑が広がり、馬上の騎士が駆けている、と言えば言える。疑う人は、ビルから少し離れたところから見上げてほしい。馬の下の方にちょっと緑がのぞいているだろう。

p.89 レンゾ・ピアノ設計の存在感
p.90-1 オパール光沢を帯びた透明な石の筒

COACH

p.92 ガラスブロックを内側から見る
p.93 8階フォーラム

10階ル・ステュディオのロビー

最上階会議室と屋上庭園

屋上にスカーフを掲げ持つ騎士像

三愛ドリームセンター

てっぺんの広告塔から夜空に光を放つ丸いショールーム

銀座の七不思議を今つくるとしたら、四丁目交差点の「丸い三愛」は、一つに数えられるに違いない。東京広しと言えど、丸くない丸ビルはあっても、本当に丸いビルはほかにないし、日本でも私の知るかぎり大阪駅前のマルビルと銀座の三愛だけ。

それにしてもどうして丸いビルが銀座の中心に建ったんだろうか。

もともとは小さくとも四角い区画だったが、明治五年の銀座煉瓦街計画のおり、車行（馬車交通）に合うよう〈隅欠き〉が施行され、奇妙な形になってしまった。奥行きの浅い土地の角を斜めに削られた結果、三角形化してしまったのである。

最初のうちは隣地と一体化して使われていたが、いつごろからか三角形化する。しかしそこは銀座の四丁目角、ちゃんと商売が成り立ったのだろう、以後ずっと三角形に近い変形土地のまま今日にいたっている。

戦後すぐの昭和二十一年、この変形土地を市村清が入手したところから、今回の話は始まる。

市村清と言ってもピンとこない読者のほうが多くなってしまったが、戦後企業史を飾る人物で、現在のリコーの創業者にほかならない。政府直系の工業技術振興組織として知られる理化学研究所の出身で、と言っても技術系ではなくて事務系だったそうだが、独立して理研工業を興し、コピー機製造に乗り出し、実際にはコピー機本体よりはコピー用紙のほうで大当たりを取るのだけれど、とにかく成功して今日のリコーの基盤が築かれる。この市村さんは戦後企業史を飾るにふさわしいなかなか型破りの人物で、入手した変形土地のバラック家屋をどう使ったかと言うと、配偶者の市村幸恵に店を出させたのだった。洋服と洋品の店〈三愛〉。リコーの社員でも知っているかどうか、銀座の角の丸いビルは、創業者の奥さんのお店であり、今でもちゃんと三愛はリコー・グループに属している。

市村清は考えた。あの土地をもっと有効に使う手はないものか。いろんな不動産、建築関係者に相談するのだが、だれも乗ってこない。理由は簡単で、エレベーター、非常階段、便所、配管スペースといった必要部分をのぞくと、使える床面積はわずかで、ビルとしてはとても採算はとれない。

だれもがどこもが断るなか、日建設計というこれでフルネームとは思えないような名の設計事務所が乗ってきた。明治期に大阪の住友本社直属の設計組織として始まり、やがて独立し、昭和二十五年、新天地を求めて東京に進出したはいいものの、東京にバックがないので仕事がなく、飛びついたのだった。現在、日建設計は技術系社員だけで二千人以上を抱える世界最大の建築設計会社となっているが、当時東京ではまるで無名だった。

会社の営業に言われてとりあえず案をつくったのは日建に入社して数年の林昌二である。

「市村さんは痛快な人でした。当時いろんな試みをしていて、行くとあれこれ話してくれる。当たらないものも多くて、レコード代わりに開発した四角い紙状の〈ミメオファックス〉は売れなかったし、北海道の三愛ホテルもだめだった。

ここにかくおもしろい話には乗ってくれるんでです。この敷地はなにに使うのかはっきりしたいまま話が始まって、市村さんに見せた最初の案は丸くはなかった。敷地に合わせて三角形でした」。

林さんも、とてもオフィスとしては無理なのでショーケースとして使ったらどうかと考え、そう提案すると、市村はすぐ理解し、四丁目の角に広告塔を立てることとなる。広告塔を立てて、その中に人が入って使うのである。

広告塔を立てる、と決めたところから丸い塔が導かれたのだという。

デザインのポイントは夜景で、当時世界一と謳われていた銀座の夜のネオンサイン群のなかでも負けないように一階から九階までを総ガラスで仕上げ、室内の光がそのまま外にあふれるようにし、その上に本当の広告塔を乗せる。光の塔が出現することになるが、それだけでは不十分で、てっぺんの広告塔の内側に仕組んだサーチライトから筒状の光を上空に向けて発射する。光の塔が、夜空のかなたまで伸びるのである。

かく考えて設計はしたものの、実際の工事は大変だった。たとえば丸い平面に合わせた曲面のガラスをどうつくるのか。大手のガラス会社はどこも断ったが、新潟の小さな会社が意気込んで曲げてくれた。

当時、三愛にはディスプレーほか担当の社員として、後に世界的な家具デザイナーとなる倉俣史朗がいて、あれこれデザイン面で協力してくれたし、知人の彫刻家の流政之も二匹の猫の彫刻をつくったり(今もある)、一階の床の大理石のパターンを決めてくれた(今はない)。

今も昔も、昔も今も、建築家がこういうことをしていると、高速道路のタクシーメーターみたいに工事費はどんどん上がるが、太っ腹の市村は「普通の二倍は覚悟していたが、三倍か」と言いながら許してくれた。広告塔としての経済効果をはっきり計算していたし、事実、屋上広告塔の広告代だけで元は取れたと言う。銀座四丁目交差点の広告的価値はそれほどのものなのである。広告主は、当時もっとも元気のあった三菱電機。

具体的に言うと、一階から三階までは三愛が入り、四階以上は広告塔を含めて三菱電機がショールームとして使う。

オープンは昭和三十八年一月十三日、寒い冬の、それも夜中である。光の塔だから夜しかない。明かり点灯の瞬間を見ようと群衆が交差点を埋めた。今からでは考えにくいが、警察が交差点一帯の交通止めを許してくれた。三愛前の交番を丸く新築して寄附したのが効いたのでは、とは林さんの説。

明かりが点じられ、サーチライトが夜空に放たれるなかを、フランキー堺が窓拭き用のゴンドラに乗って登場すると、交差点は歓声に包まれた。

p.101 総ガラス仕上げの丸いビル
p.102-3 4丁目角の広告塔

C'BON
San-ai
三愛
LE CAFÉ DOUTOR
GINZA
DOUTOR
KYUKYODO

vodafone
気になるサッカーの試合や
人気のドラマも
San ai
CASIO
G-SHOCK
5-17
10:26 22
電波時計はカシオ
Haier
その選択は正しい
FOND
JEWELRY
英会話&留学
ジオス
3F
FOMA
BURBERRY
CBON COSMETICS
三愛
LE CAFÉ DOUTOR
DOUTOR
LA-BO

鳩居堂
TASAKI
田崎真珠
SHIMA

最上階からの眺め（上）と1，2階のカフェ（下）

マガジンハウス

ウロコみたいな外壁タイルとトタン板の壁

ポパイが描かれたガラスのドアから中に入り、玄関ホールを使って開かれている小さな写真展を眺めた後、この会社の歴史を知らないことに気づき、こっちを見ている制服の人に昔のことをたずねると、私より年上のガードマンさんは、「ヘイボンを出してたヘイボンシャだよ」。

アッ、あの出版社なのか、マガジンハウスは。戦後すぐの、私たちが少年時代、「平凡」という雑誌があって、よほど売れていたらしく、都会だけではなく信州の田舎の山村にも届いていて、隣の家のオネーサンが茅葺き屋根の下の縁側で、読むというよりうっとり眺めていたのを覚えている。表紙には映画のスターなんかが載っていた。母は「家の光」、娘は「平凡」、そういう一時期が、戦後の日本の農村にはあった。

守衛さんが言った「ヘイボンを出してたヘイボンシャ」という誤解は、私も長いことしていたが、正しくは平凡出版。あとで会社の総務部から教えていただいたところによると、戦後すぐに創設されたときは凡人社だった。凡人社の「平凡」。百科事典の平凡社と社長同士が仲良しで、平凡の名の使用を許されていたのだった。その平凡出版が一九八三年に平凡の名を平凡社にお返しし、マガジンハウスとなる。その前に、かの男性誌「平凡パンチ」の大ヒットがあった。

やっと入口にポパイが描かれている理由がわかった。男性誌の「ポパイ」もここが版元だったのだ。「ブルータス」がここなのは知っていた。「ブルータス」の建築版の「カーサ・ブルータス」にはたまに原稿を書く。

でも改めて考えてみると、どうして銀座にあるんだろう。出版社としてはきわめて珍しい。神田とかの文化学術っぽい町ではなくて消費の中心の銀座で本を出す。銀座が東京の新聞の発祥の地であることは知っていたが、出版については聞いたこともない。銀座にあったからファッションなどの消費方面に力点をおく出版社になったのか、それとも、文化学術っぽい町がいやで銀座に出てきたのか。

一見するとおよそ二〇年前（一九八三年）につくられた平凡なオフィスビルの建物だが、細部に目をこらすと決して平凡じゃないことがわかる。専門的に言うと、異常と言ったほうが正しい。異常が、普通の人にはわからないように細部の中に隠されているのだ。しかし、建築探偵歴三〇年の私メの目をごまかすことはできません。

たとえば、外壁のタイル。一枚のタイルの表面テクスチャーがタスキがけに二分割され、三角形をした二つの面が微妙に異なった光を反射する。それもオパール光沢のあやしい光を。濡れたようなオパール光沢と三角形のコンビはウロコに通ずるわけで、建物のくせに魚のまねをしてウロコをまとう半魚建築。

外はまだいい。内部では細部に隠された異常が全面的に表立つ。いちばん大事な空間となっている一階ロビーの大吹き抜けを見てほしい。ズッドーンと吹き抜けてトップライトから光が差し込むさまは珍しくないが、問題は差し込んだ光に照らされ、光を反射する壁。壁の仕上げ。写真を見ていただきたい。ちょっと珍しいテクスチャーだとは思いませんか。タイルではないし、自然の素材でもない。金属板に違いないが、こんな金属板のテクスチャーは見たことがない。正確に言うと、ちゃんとした建物では見たことがないが、ちゃんとしない建物では山ほど見てきた。なんだと思います？

ト・タ・ン。

そう、あのベコベコペラペラのトタン。建築材料界安物大王のトタン。畑のかたわらの物置とか仮設建築にしか使わないトタンを、花の銀座の出版社のいちばん大事な場所に引っ張り出してしまったのだ。

おそらく設計者は、わざとそうしたのだと思う。若者のファッションや風俗をリードする雑誌社だからこそトタンを選んだに違いない。設計した建築家の高橋靗一《ていいち》はそういう人なのだ。マガジンハウスの設計者としては意外かもしれないが、現役では日本建築界最長老で、芸術院賞ももらっているが、いかんせん東洋的な「齢とともに枯れる」という美風を母の胎内に置き忘れてきたようなお人柄。八十歳にもなって六本木の街をマツダのロータリーエンジンですっとばすのはよしたほうがいいと思います。隣席に乗る二十二歳年下の気持ちも考えていただきたい。

常日ごろから、世間でも建築界でも虐げられているトタン板というものになにかよさを認めていて、それを壁にぶつけてみたに違いない。とすると、高橋さんがトタン板に見た美質とはなんなのか。

まず、トタン板の質素さがあるだろう。実用的で飾らない材料の美しさ。洗いざらしのジーパンやコットン地に通ずるような美しさ。一言で言うなら〈素〉。確かに若者のファッションとは一脈通ずる。

でもそれだけにとどまらないんじゃないか。トタン板をちゃんと見るとわかるが、鉄板の表面にメッキされている亜鉛の結晶の形が、今の通常のよりとても大きい。わざわざ技術的に劣る昔式にしている。

トタンであることをわからせるためだけでないと思う。結晶が大きいためキラキラと輝くのだが、そこがねらいではないか。結晶の花びら状の形とキラキラのコンビ。ここまで読んでやっと外壁のタイルとつながる。ウロコなのだ。

魚のウロコというのは自然界の中では奇妙な視覚的印象のシロモノで、ヌルヌルしているのは生命体っぽいのに、反面、キラキラは金属・鉱物っぽい。

二十世紀モダニズム建築主流仕上げ材料のタイルや金属板といった工業製品を使いつつも、そこにモダニズムから逸脱する生命体っぽい視覚的印象をひそかに込めてみたい、とねらったんじゃないかと私はにらんでいる。

p.109 一見すると平凡なオフィスビル
p.110 建物正面の円柱
p.111 あやしい光を放つ外壁タイル

お仕事ガールの新ファッションマガジン。
BOAO
620yen
マガジンハウス
9月7日創刊
ボアオ
キーワードはLUCKY&HAPPY!!
江國香織の長編恋愛小説
東京タワー
映画化決定!
2005年1月全国東宝系にてロードショー公開
マガジンハウス
緊急出版
戦争《せんそう》のつくりかた
これは空想にもとづく作り話ではありません
630円
マガジンハウス
FIRE HYDRANT
消火栓
3524-8829

p.112 1階ロビー
p.113 トタンの壁が光を反射する
p.114 1階ロビー大吹き抜け

銀座ASビル［OPAQUE GINZA］SHOPと設計者のコンセプトが一致

二十世紀の銀座から二十一世紀の銀座へ。本質的にどんな変化が起こったのかは知らないが、現象的にどう変わったかはわかる。建物を見ればわかる。建物はその街の内容を現象的に現す顔だからだ。

だれもが知るように、世界のトップブランドが銀座に進出してきた。それまでもデパートの一角で売ってはいたが、そんな出店段階を超えて、ちゃんと独立した店を構えるようになった。あるいは既存のビルの一、二階を占有して店を張るようになった。

街の光景として見れば、世界のトップブランドがひしめくようになった。バブルがはじけた後の現象なのでつねづね訝しく思ってきたが、関係筋に訊くと、各ブランドとも日本での売り上げが社の命運を分けるほどの割合を占めるにいたったからだという。高額商品は売れ、低額商品も売れという状態らしいが、それなら普通額層はどうなるのか、心配にはなる。

世界のトップブランドが店を出すにあたり、取った戦略が、ブランド建築家を使うことだった。ここで注意してほしいが、各ブランドそれぞれの商品と企業イメージに合ったデザインをする建築家を探して使うわけではなく、私の観察するところによれば、とにかくその建築家がブランド化しているかどうかで選んでいる。外国ブランドだから外国人建築家というわけではなくて、日本の建築家で世界的に活躍する人の中から選んでいる。

たとえば、ルイ・ヴィトン表参道を設計した青木淳は、ニューヨーク五番街のルイ・ヴィトンも手がけている。東京、ニューヨークと、世界の旗艦店をまかされるのだから、ルイ・ヴィトンにおける青木への評価はたいしたもの。

そのニューヨーク店を建築家の隈研吾と私とで見たときに、ともにもらした印象は、「セジマに似てるナァ」。

少し前に、セジマが手がけた銀座の〈オペーク〉を思い出していたのである。

セジマといってもわからない読者が多いかもしれないが、現在、世界の建築界とデザイン界を席巻している若手の建築家である。国内では少し前、〈金沢21世紀美術館〉を完成させ、世界では現在、〈ニューヨーク現代美術館〉などなどを建設中。

建築、建設の領分は、今も昔も、世界も日本も男だらけだが、そうした中でただ一人セジマだけが、世界的に活躍する女性の建築家として知られる。

妹島和世は、どうして世界的になったのか。

理由は明快で、普通につくれば重くて閉鎖的になりがちな建築というものを、技術と感覚のかぎりを尽くして軽快に透明につくってみせたことにある。二〇年ほど前、デビュー作の小住宅を見たとき、壁やなにやらのあまりの薄さに、オートバイで突っ込めばそのまま向こうに抜ける、と思ったほど。それまで建築界ではタブーだった合成樹脂の板を使ったりしていた。

使われている部材の物理的薄さが、軽い印象を生むのだが、当時、伊東豊雄を筆頭にそれに続く隈研吾が薄い部材や多孔の部材を使って軽い印象を競う中で、妹島の軽さは質が違って、部材の重さが軽量化したというよりは、なんだか重力自体が減少したような不思議な気分になった。

ちょっとこのページ向きではないことを書かせてもらうなら、普通の重さと違い、重力とは時間がらみの重さ(加速度。重さの時間変化)を指すが、妹島の生み出す空間は深いところで時間との関係があるように感じられてならないのだ。時間の流れが止まりかけている、と言えばいいか。

さて、オペーク(OPAQUE)である。既存の九階建てビルの地上三階と地下一階を改装しているが、下と上とで比べてみてほしい。私が言おうとしたことがわかるだろう。建築というよりガラスの幕というか、光の幕でも張ったように見える。こういうオシャレな半透明感は今のショップでは一般化しているが、元をたどると妹島の始めたことなのである。大きく字を描くのも妹島の得意技。

今度の取材で知ったのだが、店名のオペークとは〈半透明〉をさすという。会社のコンセプト文を引くと——

「強い光が半透明のフィルターを通すことで、柔らかい光に変化していくように、オペークに一歩足を踏み入れた人々の心も、心地よく上質な満たしへと変化していくように、という願いを込めました。……ファッションから触発されるスタイリッシュなライフスタイルがOPAQUEスタイル。オペークは、女性達がいつまでもそこにいたくなるような豊かな空間の中から、そんなライフスタイルを次々に発信していきます」。

なるほど、店のコンセプトは半透明か。半透明な空間の中に女性たちはいつまでもそこにいたい、のか。時間の止まりはじめた半透明な空間、これはそのまま妹島の建築の本質と言っていい。店(shop)のコンセプトと、設計者のコンセプトが一致する珍しい例だろう。先に述べたように、日本に進出してきた世界のブランドショップが、建築家のブランド性にのみ配慮し、その建築家のデザインの方向性にはたいして気を遣っていない中で、うれしい例外と言えよう。

妹島は店というものに強い。なぜなら唯一の趣味がショッピングだからだ。ボストンの講演会でのこと、時間になってもやってこないので、主催者があせって彼女が歩いてくるはずのストリートをたどると、ある店のガラスに額を押し付けて中をのぞいている少女がいる。それがセジマだった。主催者から聞いたから間違いない。

妹島のパートナーの西沢立衛によると、買いたい商品が見つかると、両手を挙げてウォーと叫ぶので、恥ずかしいとのこと。日本の超高度に発達した若い女性向きの商品文化が、世界のセジマを生み出したのかもしれない。

光の幕でも張ったような…

岩手ふるさと農協より
新米入荷しました
食の菜典
らん月
GINZA

p.120-1 半透明ファサードの夜景
p.122-3 「…いつまでもそこにいたくなる…」
p.124 ガラスがふんだんに使われている店内

交詢ビル

ゴシック、ルネッサンス……クラシックな落ち着き

交詢社は、福沢諭吉が明治十三年につくった日本最古のクラブで、慶應義塾大学のOBが半数を占めるが、なんとなく思われているように慶應のOB会というわけではけっしてない。東京にはいろんなクラブがあるけれど、今もあるのは昭和三年につくられた神田の学士会館がそっくりそのまま、翌昭和四年の銀座の交詢社は部分的に保存して、昨年新築された交詢ビルの中に組み込まれている。とにかくガードが固かったのは交詢社で、メンバーに昼食を食べに連れて行ってもらって初めて入ることができた。入ると、正面の階段の踊り場から福沢諭吉がこっちを見ている。改築された今度の建物でも、同じ位置から同じようにこっちを見ているのでうれしかった。

慶應の三田キャンパスに保存されている明治八年完成の演説館でも、福沢諭吉が演台の向こうからこっちを見ていたから、二つは兄弟建築と言えるのだが、たしかに内容的にも兄弟で、福沢は江戸時代の封建的身分制度を親の仇として嫌い、人と人、メンバーとメンバーが上下の別なく対等に論じ、交わることを旨とし、論じるために演説館を、交わるためにクラブをつくったのだった。

ガードが固いのは、おそらく、イギリスのクラブの伝統が流れ込んでいるからだろう。イギリスのクラブの伝統を継ぐアメリカ事情に詳しかった福沢がそうしたのか、あるいは福沢以後に

入った伝統なのか、とにかく数あるクラブのなかでは、建物のクラシックな落ち着きといい、メンバーの振舞といい、これぞクラブ、正しく書けば倶楽部の鑑。

イギリスの伝統が流れ込んで、などと腰だめなことを言ってしまったが、建築的に見るかぎりイギリス系なのは間違いない。

こうした判断をわれわれ建築探偵はどのようにするものか、この建物を例に具体的に述べてみたい。やや専門的になるけれど、そうあることではないのでついてきてほしい。

イギリス系とかフランス系とかに先立って、西洋館にはさまざまな歴史的スタイル＝様式というものがあって、それを識別することから始まる。総ガラス張りの交詢ビルの前に立つと、昔の正面玄関回りが保存されているが、まずチェックするのは窓と出入口の上部の形で、尖っているか、アーチか、平らか。いちばん目に付きやすい正面中央の縦長窓は上端が尖っている。目に付きやすくはないが出入口の上端も扁平ながらもいちおう尖っている。こういう尖ったアーチのことを尖頭アーチと言い、ゴシック様式の特徴にほかならない。ゴシックは中世の大聖堂建設のなかで発達したスタイルとして知られ、パリのノートルダムの例でわかるように、とにかく上へ上へ、天へ天へと伸びてゆき、その結果、窓の形も縦長、窓の上部も先尖りとなったのだった。交詢社の入口の窓はプロポーションも上端もそのような形をしている。

ゴシックは尖る。ここまではわかりやすいが、尖頭アーチの窓の左右に寄り添う窓の頭が平らなのはどうしてか。こういう中央がアーチとなって盛り上がり、左右は平頭して寄り添う開口部の形式を〈セルリアーナ〉と言い、ルネッサンス様式の特徴の一つで、明治の人は訳語が上手くて

「三尊窓」と呼んでいる。ルネッサンスの三尊窓のアーチは正円アーチだが、それを尖頭アーチに変えて、ゴシック化した。よって、判定はゴシックをベースにしたルネッサンスとの折衷という結論になる。

とまで識別してから、いよいよ中へ。中は外に比べ多彩な造形が詰まっているのでやや鑑識眼がくらみ気味になるが、抑えて抑えて冷静に探すと、開口部の上端中央に取り付けられた要石《キーストーン》に特徴的な装飾が彫られている。剥いたミカンの皮のようなノッペリした造形が、あちこちに向かって舌のように伸びているが、これは〈ストラップワーク〉と言って、ある国のある時代に固有ないっぷう変わった装飾なのである。十七世紀のイギリスでのこと、それまでゴシック様式しかなかった島国にイタリアからルネッサンス様式が入ってくるが、その「様式の一大衝突」の中で生まれた奇妙な造形なのである。このほかにも、階段の手摺子の稲妻や壁の飾り石の麦形崩しのような珍しいものが見られるが、こうしたエグい造形はすべて一大衝突の産物にほかならない。ゴシックとルネッサンスの衝突で生まれたイギリスのスタイルのことをエリザベサン様式と言う。エリザベス朝時代のイギリスでは、演劇界ではシェイクスピアが活躍し、建築界ではエグいヤツが隆盛していたのである。

正面入口の窓が折衷だったのも、エリザベサンだと思えばわかる。大食堂の窓にいくつもはめられた紋章形のステンドグラスもエリザベサンの特徴で、イギリスでは家柄ごとに登録された紋章をはめ込むが、日本に紋章制度はないので適当にデザインして使っている。いっそ福沢家の紋所で代用すればよかったろうに。

と、ここまで、くらみ気味の鑑識限をなんとかしゃんとさせて識別してきたが、廊下状のロビーの先まで歩いたところでちょっとつまずく。福沢先生の肖像がかかる階段の親柱の上になんとヘンな鳥が乗っているではないか。ヤンバルクイナ的怪鳥である。

怪鳥、怪獣は、西洋建築史では、ゴシックに先行するロマネスクの専売特許と決まっている。ロマネスクがゴシックに進化したとき、ほとんど滅び、ごくわずかにカテドラルの軒先なんかに人知れず生き残ったことは知られているが、その次のエリザベサンまで生き残った例は本家イギリスにはない。

どうしてだろう。設計者の横河民輔は「今日は帝劇、明日は三越」の、帝劇と三越の両方を手がけた建築家として社会的には知られるが、明治四十年に日本最初のロマネスク様式を試みた人としても知る人は(私だけかもしれないが)知っている。若いころのロマネスク趣味をそっと加味したんじゃあるまいか。

p.129 昔の正面玄関を保存
p.130 ロビー階段踊り場に福沢諭吉の肖像
p.131 大食堂窓の紋章型ステンドグラス
p.132-3 大食堂
p.134 吹き抜けロビー階段親柱の怪鳥
p.135 階段手摺子の装飾

15

開口部要石のストラップワーク（上）と大食堂壁面の照明（下）

竹田ビル

趣あるさまざまなタイルが印象的

現場はちゃんと訪れてみるものである。一つ発見があったので、その報告。

昭和通り沿いに戦前から建つ竹田ビル。その前は何度か通っているし、研究仲間が調べた基礎データも承知していて、震災復興期にたくさん生まれた、名のとおり竹田さんちのビルだろうと考えていた。一、二階を竹田さんが商売に使い、三階から六階までは貸ビルになっているに違いない。ちょっと普通と変わっているとすれば、最上階の六階の壁面が少し後退し、瓦屋根が載っている点だが、これも最上階に竹田さん一家が住むので住宅っぽくしたと思えば納得できる。

話としては外壁はじめ要所要所に使われている今となっては珍しい戦前もののタイルについて書こうと決め、ビルの管理者には会わずに外からタイルだけ確かめることにした。で、出かけがてらに編集部からの封書をちゃんと読むと、「管理者に会いたいなら、二階の藤森源弥氏を訪れてください」と書いてある。同姓である。同郷に違いない。

で、タイルを確かめるだけですまさず、確かめ終わった後、二階の管理事務所を訪ね、藤森源弥氏に会った。途中から社長の竹田寛次氏も出社された。お二人から古い図面を広げて建設当時の事情をうかがい、中を案内していただき、予想もしなかった事実が明らかになった。

名前は昭和八年の竣工当初より竹田ビルだが、中身は貸オフィスなんかじゃなくて、〈アパートメント〉。

一階は会社に貸していたが、二階以上は当時最新のオシャレなアパートメントだった。それも、昭和初期の銀座の花、〈カフェの女給さん〉を主な相手としたアパートメント。有名人では作家の中山義秀氏や、〈東京行進曲〉で一世を風靡した歌手の佐藤千夜子さんも住んでいた。

戦中は空襲で少し火が入ったが補修し、戦後は昭和二十一年から五十年ごろまで、四、五、六階をホテルにし、銀座ホテルとして営業した。その後、ようやく名のとおりのビルになって今にいたる。

ただのレトロなビルのはずが、銀座のカフェの女給さんのアパートメントとして始まり、さらにその名も銀座ホテルになった。

銀座という街のヒダの深さを思い知らされる。ちょっとレアなタイルに引かれただけだが、踏み込むとその裏には人と社会の歴史がちゃんとしみていた。こういうのを街というんだろう。ちょっと見にはビル街に見えても、銀座はやはり人の街。

このままの勢いで続けると、タイルについて書かずに終わりそうなので、要点について触れておく。

まず外観の印象を決めている茶色のタイルから。珍しく名前があって、〈スクラッチ・タイル〉と呼ばれる。スクラッチ(引っ掻く)したタイルの意味で、幾筋もの引っ掻いた跡があり、これが表面に微妙な陰影を与える。由緒がはっきりする珍しいタイルで、大正十二年に完成した帝国ホテル建設のため来日したライトが、大谷石と見合うような毛深い仕上げのタイルを求め、土管の製造で知られた常滑に出かけ、竹の櫛で引っ掻く工夫をしてつくったもの。大人気を呼び、帝国ホテル完成以後、隣街の銀座でも大いに使われたが、今は竹田ビルともう一つのみ。

図面によると設計したのは竹田組設計部で、工事は竹田組。竹田組を創業した竹田源次郎は、明治元年に銀座の南隣の芝で生まれ、東隣の新富町で建設会社を興し、新富町に住んで昭和二十年に亡くなっている。明治維新の年に生まれ、敗戦の年に亡くなったわけで、銀座の近代史をそのまま生きた人物が、銀座につくるビルをちゃんとつくらぬわけがない。スクラッチ・タイル以外のタイルにも力が入っていて、ブルー系の深い色合いの〈布目タイル〉をはじめ、竹カゴを編んだような土色系の網代模様のタイル、階段室の床には、ピンク系の御影石の階段親柱の足許に明るいブルーをはじめとするモザイク・タイルが使われている。

さて、アパートメント問題にもどって、当時の銀座の女給さんたちはどんなつくりの部屋に住んでいたんだろうか。

二階から六階まで合わせて九〇戸を数え、二室一戸の大型のものもあるが、ほとんどは一戸一室で、広さは靴脱ぎ、台所、押し入れをのぞいて畳の八畳間。各階に同面積の洋間が一戸ずつ。洗面所は共同で各階に一つ。風呂と洗濯場は屋上につくられた。風呂も便所も共同、というとどこがオシャレなアパートメントかと思われるかもしれないが、このつくりの手本となったに違いないかの有名な同潤会アパートメントハウス(「メントハウス」が付きます)も、風呂、洗濯、洗面は共同だった。

そうした設備よりなにより、鉄筋コンクリート造りで火に強く地震で壊れない、というだけ

で、当時の日本ではじゅうぶんにオシャレで最先端だった。竹田ビルは同潤会より先をいってい
て、ちゃんとエレベーターがあった。同潤会は特別に力を入れた大塚女子アパートメントハウス（昭和五年）と江戸川アパートメントハウス（昭和九年）にしか付けていない。

と書いて大事なことに気づいた。竹田ビル以前のエレベーター付き同潤会は大塚女子アパートメントハウスだけだ。大塚女子は、電話交換手、電車車掌、看護婦、官公庁職員といった昭和初期に急増する働く女性のためにつくられたことが知られているが、もしかしたら、竹田ビルのアパートメントは、そのあたりの先端的動きを念頭において、大塚女子には入りそうも入れそうもない地元銀座の女給さんたちのために計画されたのかもしれない。

銀座の街のヒダはまことに深い。

上を見ると瓦屋根が載っている

プレス
グループ
Being
株式会社
ビーイング
アドバンス
ール

p.142 階段室床のモザイク・タイル
p.143
看板部分両端の装飾（上）
外壁のスクラッチ・タイル（中）
階段室梁端部装飾（下）

布目タイル（上）
御影石の階段親柱（中）
網代模様のタイル（下）

銀座越後屋ビル

江戸の昔から銀座に本店を構える老舗呉服店

銀座の大通り（中央通り）でクラシックビルを数えると、まず目立つのが四丁目角の和光（昭和七年）、次は七丁目の外は改修されたが中は昔ながらのビヤホールのライオン（昭和八年）、ここまでは銀座ファンなら思い当たるが、次がなかなか浮かばない。次は二丁目にあって、銀座越後屋ビル（昭和六年）。これが中央通りのクラシックビルのすべて。

以上のことしか知らなくて、越後屋を初めて訪れた。場所は伊東屋の向かいだからすぐわかったが、通り越しに眺めて言葉に詰まった。建物の特徴を普通の人に説明しにくいのだ。クラシックビルはヨーロッパのギリシャとかゴシックとかルネッサンスとかの歴史的なスタイルを踏まえているからクラシックビルと呼ばれるのだが、越後屋のスタイルは単純ではない。上のほうの階に小さなアーチの窓が並んでいるところからはロマネスク系かスパニッシュ系と解せるが、随所にデコボコと鉱物結晶のように凹凸する幾何学化した装飾が観察される。これはアール・デコならではの特徴。アール・デコというのは歴史的なスタイルの細部を、鉱物結晶的に崩したものだから、ロマネスクもしくはスパニッシュ系のアール・デコ様式ということになる。

などと考えながら横断歩道を渡り、建物の前に立って見上げると、四角の中に「榮」の字の入ったカクエイの屋号。中をうかがうと、どうも呉服屋さんらしい。ちょっとひるむ。なんせこれまで一度も呉服屋さんに入ったことがないからだ。

呉服屋初体験。相手は「奉公して五〇年」とご本人が言った田中尚さん。失礼ながらまずうかがったのは、どのようにしてお客さんはやってくるのか。店舗といい展示品といい、とてもフラリと入るムードではない。八〇%はおなじみだが、このごろは、若い人のほうがものおじしなくて、フラッと入ってきて、気に入ると、後で母親と一緒にくる場合も多いそうだ。

次に尋ねたのは屋号の由来。越後屋だから越後出身のかの首相の名と同じかと思ったら違い、「家久榮」が正しい。家訓の「以力勝者家不久　以徳勝者家久榮」のラスト三文字から取った。この家訓、その昔、お出入りしていた旗本からいただいたのだと言う。

エッ、ハタモト⁉

ということは江戸時代から銀座で呉服屋を。日本橋の越後屋呉服店と大通りの同じ側で、少し離れているが、店を張っていたことになる。今、気づいたが、日本橋の越後屋呉服店の三井家は伊勢松阪の出なのに、どうして伊勢屋じゃなくて越後屋なんだろう。

銀座の越後屋は、正真正銘越後の出で、雪の高田に生まれ育ち、江戸に出て奉公した後、宝暦五年（一七五五）に創業した。初代は京橋で店開きしたが、二代目が銀座に移る。代々、永井甚右衛門を名乗り、現在は八代目を数え、ちょうど今年が創業二五〇年。

永井甚右衛門さんと田中尚さんは、江戸ながらの銀座の老舗を思い出しながら、寂しげに、「五丁目の小間物屋も、木挽町の下駄屋も廃業しちゃったなあ」。

銀座に老舗多かれど、江戸から銀座に本店があるのは、今、〈東都のれん会〉のリストで数える

かぎり、

・宝暦五年（一七五五）　呉服の越後屋
・文化一年（一八〇四）　せんべいの松崎煎餅
・江戸末年　うなぎの竹葉亭

のわずか三店。明治に入ると

・明治二年（一八六九）　パンの木村屋
・明治四年（一八七一）　履物の阿波屋

などが続く。

江戸から続く老舗の多い日本橋や神田と違い、銀座が基本的に明治になってからの街であることがよくわかる。その中で、群を抜いて古いのが越後屋なのである。

越後屋の歴史を示すものが屋上にある。銀座に商売の神様のお稲荷さんは多かれど、越後屋の屋上に座しますのは、その名も「銀座稲荷」。

今の銀座になる前の、江戸幕府が慶長十七年（一六一二）、銀貨鋳造所をこの地に設置してからの由緒を誇る大稲荷なのである。見かけは小さいが。

屋上に稲荷を祀るときは、地付きの神様だから、避雷針みたいに、屋上の祠の基礎から地面までパイプを通して中に土を詰めておかなければならない、と聞いたことがあったが、銀座稲荷について尋ねると、パイプはないが、土を運んで基礎に埋めているとのこと。

さて、建物にもどり、今のビルをつくったのは先々代の六代目永井甚右衛門で、やり手だったらしい。昭和六年完成の当時は、世間全体は不況にあえいでいたが、戦闘機を軍に寄附したりもしている。昭和六年の段階で、地上六階（現在は増築して七階）、地下一階のビルをつくり、上に住んだり、人に貸したりせず、全階を呉服屋として使ったというし、呉服屋なのに客は土足で入ってよかったというから、やり手でかつ進取の気象に富んでいたのだろう。そのころ日本橋の越後屋（現・三越）は、にわかに信じがたいが、靴や下駄を脱いでから上った。一階入口で土足を脱いで入り、帰るときの出口は地下にあり、下足札と引き換えに下足をもらうシステムだったという。

江戸このかたの呉服屋は転機に直面し、呉服のままでいくか否かを迫られ、日本橋の越後屋や白木屋はじめ有力呉服屋はデパート化していくが、そうした中で、呉服のままでどこまで大きくなれるか、その道を突き進んだのが銀座の越後屋で、ビル七階分がピークだった。

余談になるが、田中さんによると、戦後、五階を出世払いで肉のスエヒロに貸し、四階には深川の吉村呉服店の次男の建築家、吉村順三が、親類関係から事務所を開いていた。現在の皇居新宮殿にかかわった故・吉村先生にはインタビューしたこともあるが、初耳だった。

［銀座越後屋ビルは二〇〇七年に解体されました。］

共同コミュニケーションズ
明治屋
スポーツ吹矢
GINNI BLDG.
テック航空サービス
Valdarno
CLUB NYX
健康
麻雀
麻雀
教室
TEL 3562-0351
TEL 3562-0351
FUJIYA GALLERY

p.150 ロマネスクもしくはアール・デコ様式
p.151 上方階のアーチ窓と装飾

ミキモト ギンザ 2

世界初、鋼板コンクリート構造のブルーチーズ

四丁目交差点まわりで安定感を保っているのは、なんといっても北東の角だろう。和光があって、木村屋とミキモトが並ぶ。時計の和光とあんぱんの木村屋と真珠のミキモト、この三つに共通性があるとすれば、製造・販売ということか。売るだけの商売ではなく、つくって売る。この性格が、北東の角に安定性を与えているのかもしれない。

そのミキモトが、昨年末、銀座二丁目にミキモト ギンザ 2(MIKIMOTO Ginza 2)をオープンした。銀座に続々と出現したブランドショップの一つだが、建築的に見ると、オペークとこの二つは、ほかとちょっと違う。この二つが、正確に言うとこの二つを手がけた妹島和世と伊東豊雄の二人こそが、日本の建築界の最先端に立ち、世界の建築界の一つの方向を引っ張っている。妹島は欧米でいくつもの現代美術館を建設中だし、伊東は進行中の全仕事のうちヨーロッパが八割を超えるという。

妹島和世のオペークを思い出して、伊東豊雄のミキモトと比べると、あまりに違う。オペークは透明でツルリとしたガラスの箱だったのに対し、ミキモトはピンクの箱に不定形の穴というか窓が開いている。あまりに違うが、似ているような気がしないでもない。

淡いピンクの箱にブルーチーズのような穴が開いてはいるが、本物のブルーチーズとはだいぶ

違い、どこか軽快さと薄さと透明感が漂っている点では、オペークに通ずるところがある。

二人のデザインが深いところでつながっているのには理由があって、妹島は伊東の設計事務所の出身なのである。

建築界以外の人にはわかりづらいかもしれないが、ある建築家の事務所で若き日を送るのはタイヘンなことで、その建築家の線のクセ、色の好みなどなどを完璧に身につけることを求められる。スタッフとして、所長のスケッチしたあいまいな線をちゃんとした線に落としてゆくわけだが、落としても落としてもダメが出る。所長のセンスを自分のものにしてようやくオーケー。

妹島は伊東を完全に身につけ、そして独立し、自分ならではのデザインを打ち出して今日の軽くて透明な妹島ガラスワールドに到達するわけだが、オペークとミキモト ギンザ 2は、一見すると正反対なほど表情が違ってしまった。

どっちかが変わった。ふつう変わるのは若いほうだが、二人に関しては、年上の伊東のほうが変わった。ブルーチーズに変わった。

変わった理由については伊東さん本人からしばしばうかがっているが、「プレーンなチーズは飽きた。ちょっと臭くて刺激のあるブルーチーズのほうがいい」とは言わなかったが、「抽象的で透明な建築の方向は、妹島にまかす」とか、「ふつうの人の目を刺激できるような表現をしたい」とか、「ガウディを目指す」などとは語っている。

そしてピンクの箱にブルーチーズのような穴が開いた異形の建築が銀座二丁目に出現したのである。

穴のような窓について、オープン時に会社の出したリリース文には、「真珠を育む貝から生まれる泡、舞い落ちる花びら、宝石箱を覗きこみたくなるような期待感、神秘性をコンセプトとしたデザイン、という伊東豊雄氏のコメント」と書かれている。なかなかうまいことを言う。真珠貝の泡か。舞い落ちる花か。

ふつう伊東さんは、無骨に建築を論ずるばかりでこうした一般向けの説明はしないので、さっき電話で確かめると「ハッハッハッ」。

外壁の色については、最初から真珠の光沢を意識して、見る位置、光の加減によってさまざまに変わるように考え、まず淡いブルーで検討してから、淡いピンクに決めたのだと言う。ピンクでよかった、ブルーだったらブルーチーズだ。

今こう写真で眺めると、巨大な牛乳パックのように見える。建物が牛乳パックに見えるのは、わが建築探偵史上これが最初なので、どうしてか考えてみると、まず第一に壁が紙のように薄い。第二に、下から上までまっ平らで目地がない。いずれも、建築家の専門的な目には、にわかに信じられないことなのだ。

まず紙のような薄さから。実に壁の厚さは二〇センチ。柱はなく、二〇センチの厚さの壁だけで高さ五〇メートルの建物の全重量を支えることができるのか。鉄筋コンクリートでも鉄骨でも不可能。

この牛乳パック状態を可能にしたのは、これまで世界で誰も試みたことのない構造体だった。まず二〇センチ間隔で二枚の鉄板を並べ、二枚を部分的に鉄材でつないでから、間にコンクリートを流し込んで充填する。「鉄の皮膚にコンクリートの肉」と言えばいいのか。鉄と鉄の間にびっしりコンクリートが詰まっている、と考えただけで強さがイメージできるだろう。二〇センチで五〇メートル。厚さと高さのプロポーションは牛乳パックとしか言いようはないが、この世界初の超強力新構造は、開発した構造家の佐々木睦朗さんにより〈鋼板コンクリート構造〉と名づけられている。

最後に目地について述べよう。ふつうのビルの仕上げは、ガラスや金属張を取り付けるにせよ、タイルを貼るにせよ、材と材の継ぎ目の線、すなわち目地が表れる。打ちっぱなしコンクリートの場合も、階ごとに打継《うちつぎ》目地が表れる。ふつうの人は目地の存在そのものに気づかないし、一般の建築家も「ソレガドウシタ」状態なのだが、さっき電話で話したら、伊東さんは「目地の見えない外壁をつくりたい。これがねらいだった」と言うのである。鋼板の全溶接という造船技術の援用によって、初めて可能になったのだが、なんでそこまで目地がイヤなのかは言ってはくれなかった。

私も昔から目地はないほうがいいと思ってきたが、こうした目地嫌いの感覚の奥には、「自然には目地がない」ということがあるのではないかとひそかに疑っている。

p.157 ピンクの箱に不定形の穴
p.158 光が降るような吹き抜け
p.159 吹き抜けの螺旋階段

MIKIMOTO
MIKIMOTO

不定形の窓

p.161 3階ラウンジ
p.162 目地の見えない外壁

M
MIKIMOTO
MIKIMOTO
BOUTIQUE

ヨネイビル

異色建築家が銀座に残したクラシックビル

このビルの前を歩いたことのある人でも、ヨネイの業務内容を知る人は少ないだろう。

ヨネイは元は米井と書き、本年、創業百十周年を迎え、その筋では知られた会社である。磯野計と米井源治郎が明治三十年、共同で総合商社として設立し、明治屋をつくり、キリンビールの販売網を確立するなど、明治期の食料品輸入と流通に大いに貢献する一方、さまざまな工業材料や機械類も扱い、百周年誌によると「中堅機械商社として地歩を固めるに至っております」。

赤煉瓦のシャレた街、銀座に本拠を置く商社ということになるが、最上階の三階にはレッドハンド社の極東代表など三人の欧米人がデスクを置き、たいそう珍しがられ、ヨネイの存在感は強く、前の通り(中央通りに並行する通り)は「米井横丁」と呼ばれたという。

赤煉瓦の三階建てが震災で壊れた後、昭和五年、現在のヨネイビルがつくられる。

スタイルはロマネスク様式。ヨーロッパの最初のミレニアム(千年紀)に、キリスト教会固有のスタイルとして成立しているが、ロマネスク(ローマ風)と呼ばれるのは、遺跡化していた古代ローマの建物を手本にしたり、遺跡から柱を盗んできて(?)転用した事情による。

特徴は二つあって、小ぶりなアーチが好んで使われる。柱の上部のキャピタル(柱頭飾り)が古代ギリシャ、ローマの三大スタイル(ドリス式、イオニア式、コリント式)から逸脱し、植物や紐の紋様や、時には怪獣が刻まれたりする。ヨネノビルの一階にズラリと並ぶアーチと植物っぽいキャピタルはいかにもロマネスクである。しかし、柱にねじりが入っているのはロマネスクに続くゴシックの特徴。

当時、日本でも世界の建築界でも、やれロマネスクだ、ゴシックだ、ルネッサンスだといった過去の歴史的様式を好む歴史主義陣営と、科学技術の時代精神に基づく反歴史主義＝モダニズム陣営が最終戦の最中にあり、結局、モダニズムが勝つことになるのだが、ヨネイビルは歴史主義陣営の一角で踏ん張っていた。

一つのビルがどっちの陣営につくかは、発注者と建築家の意志によるが、ヨネイビルの場合は、建築家が歴史主義を選んだのだろう。と言うより、ヨネイ側が選んだ建築家が歴史主義者だったといったほうが正確かもしれない。ヨネイがビルの設計を託した相手は、森山松之助である。ゴロのいい、覚えやすい名だが、現在の建築界で覚えている人はまれだろう。でも、銀座のクラシックビルを語るうえでは欠かせない建築家で、ヨネイのほかに七丁目の丸嘉ビル（昭和四年）と旧朝日ビル（昭和初期）を、銀座近くでは八重洲の旧片倉ビルを手がけている。そのほか都内では旧久邇宮《くにのみや》邸（現・聖心女子大、大正五年）や旧蜂須賀侯爵邸（昭和三年）、新宿御苑台湾閣（昭和二年）をつくり、地方では上諏訪温泉の鹿鳴館と呼ばれる洋風共同浴場の片倉館（昭和三年）が名高い。

ヨネイや片倉のような中堅企業のビルと貴族邸宅を得意とする建築家と言えるが、森山が本当に建築家として燃え、それに今も代表的アーキテクトとして歴史に名を残すのは台湾である。

今、台湾に行くと、台北でだれでも目にする赤煉瓦の総統府は、かつて日本が統治していた時代は台湾総督府と呼ばれ、森山の一世一代の代表作にほかならない。正確に言うと　長野宇平治のコンペ当選案に大幅に手を入れ、大正五年、自分の作品として実現した。

総督府のほかにも旧台南州庁(現・国家台湾文学館、大正五年)、旧台北州庁舎(現・監察院、大正四年)などなどの記念碑的大作を次々に実現している。

大正期の台湾は、建築的に言うなら森山松之助のものだった。

貴族邸宅、銀座の中堅企業本社ビル、そして台湾建築、この三つはいったいどういう関係なのか。すべては、明治二年に大阪に生まれた森山の人生の波乱と結びついている。

まず、貴族邸宅から言うと、森山の父、森山茂は、台湾併合のときに働いた外交官として知られ、貴族院議員を務めている。明治の大阪財界をつくった五代友厚は叔父にあたり、五代は男爵となっている。幼いころ、父母は離婚し、五代家で育ち、学習院、一高を経て　明治二十六年、東大の建築学科に入るのだが、建築学科唯一の教授辰野金吾の目にはまことにコマッタ学生だった。成績は抜群なのに、胸を病み(結核)かつ蕩児。血をはきながら女におぼれる毎日。母の愛を知らず貴族の家に育った頭のいい少年の迎えた青春の姿がこれだった。

高利貸しから金を借り、胸の病いのせいか酒は飲めないので羊羹をかじりながら芸者遊びにふける。卒業後勤めた建設会社もいつしか辞め、三十過ぎてついに森山家を勘当され、家産と名声をふいにする。あるいは、そんなものこそ捨てたかったのかもしれない。

でも、文学者ならいざ知らず、建築家はこれでは困る。

そんな森山を救ったのは、若きころからの友で東京歯科医学院(現・東京歯科大学)の校長を務める血脇守之助だった。行くあてもなく居候状態の旧友に自分の学校の設計を依頼し、その設計を見た後藤新平が森山を台湾に招く。血脇が森山にはわからぬよう計ったのかもしれないし、転地療法の意味もあったのだろう。森山は、明治三十九年、台湾総監府の建築家として台湾に渡り、すでにのべた一連の大作を手がけるのである。そして、いつしか病いも治まる。

長きにわたった総督府庁舎の工事が大正八年に無事終わると、総督府筆頭建築家の地位をすぐ後輩に譲り、日本に帰り、銀座に設計事務所を開いた。そして震災があり、その復興にあたってヨネイビルなどを手がけるのである。昭和二十四年　七十九歳で亡くなったが、ご子息の森山慶之助さんによると、頬杖をついた珍しい姿勢で息を引き取ったという。

p.167 1階にアーチが並ぶ
p.168 柱頭飾りはロマネスク，ねじりはゴシックの特徴
p.169 1階フレンチ・スイーツのブティック
p.170-1 地階サロン・ド・テへの階段

YONEI & CO.,LTD.
YONEI
YONEI BLDG.
YONEI

内側ドアのステンドグラス

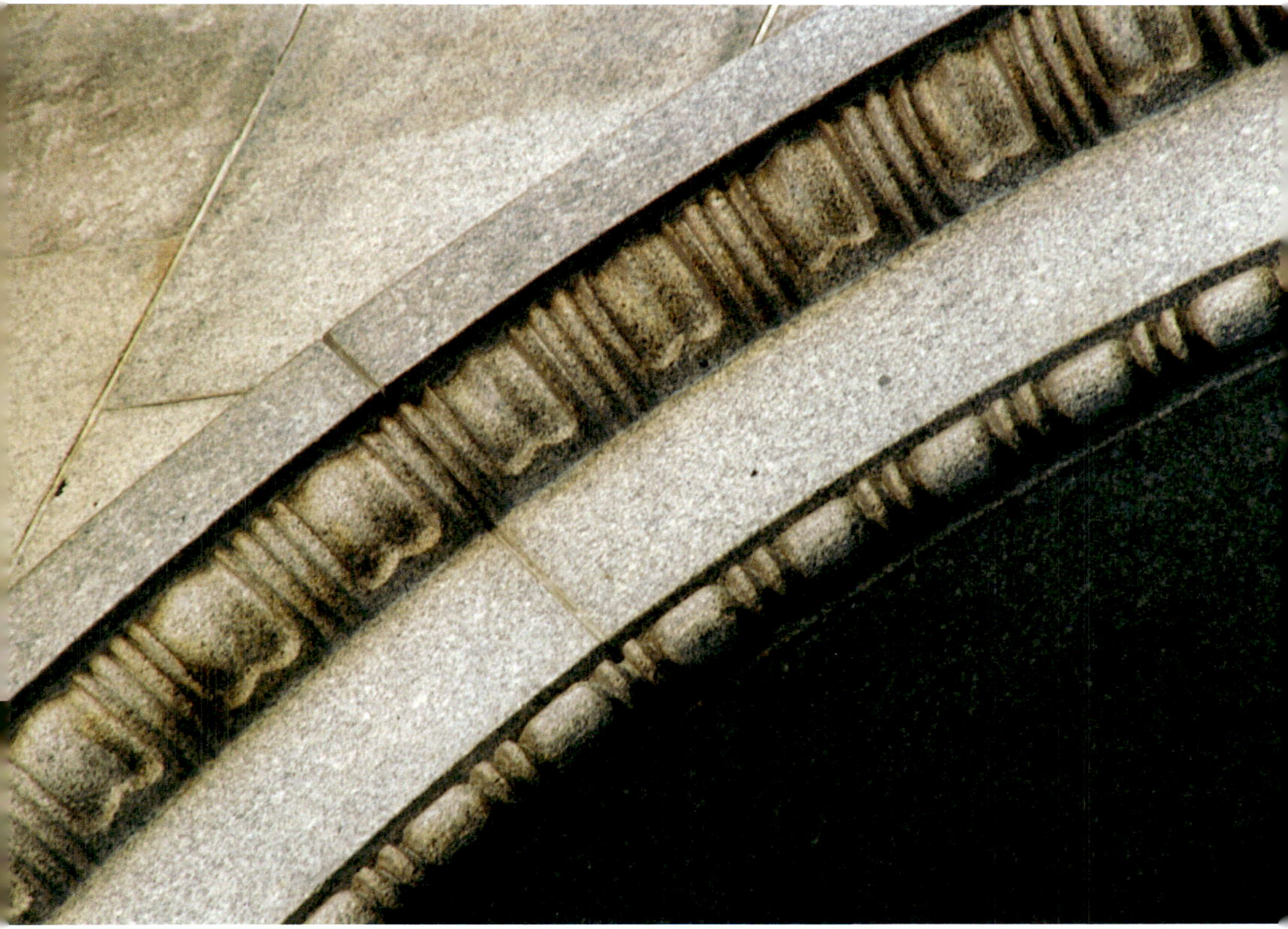

飾り迫り縁

南面バルコニー下部装飾

ライオン銀座七丁目ビル

壁画と建築が絶妙の組み合わせ

インテリアを見て、「帝国ホテルのライトの設計ですか」と聞く人があるという。

確かに、今はなき旧帝国ホテルの大宴会場前のギャラリーを覚えている客が、ライオンのビヤホールに入ったらそう間違ってもしかたないほどよく似ている。

ライオンが、正確に言うと大日本麦酒株式会社（現・サッポロビール株式会社）のビルが完成したのは昭和九年で、帝国ホテルは大正十二年だから、もうとっくにライトはアメリカに帰っている。設計したのはライトではなく、日本人建築家の菅原榮蔵である。

帝国ホテルを完成させたライトに対し、日本の建築界の若い世代は二つの違った顔を見せる。一つは内心フンといった醒めた顔。当時日本の建築界では、若い連中がヨーロッパで巻き起こる新しいデザイン運動、たとえばウィーンの分離派とかバウハウスの動きに素早く反応しており、そうしたヨーロッパの新しい動きに十数年前アメリカから大きな刺激を与えたライトは過去の人と見なされていた。当時の青年建築家に聞いたことがあるが、ライトの帝国ホテルは装飾が多く、暗く、とてもこれからの合理主義の時代に合うとは思えなかったそうだ。

醒めた顔が大勢を占めることになるが、少数派ながら熱烈に歓迎する顔もあって、遠藤新、土浦亀城、田上義也、岡見健彦などはライトに弟子入りし、ライトがアメリカに引き揚げてからも後を追い、ライトの設計事務所兼学校兼住宅のタリアセンで共同生活を送っている。

使徒になるほどではなくとも、ライトの独特の装飾の影響を受ける人はけっこういた。その代表が菅原榮蔵にほかならない。

必ずしも広く知られてはいないが、後に述べるように銀座とはとても縁の深い建築家なので紹介したい。

明治二十一年、仙台市に下駄職人の次男として生まれる。職人の次男だから当時としては決して恵まれた育ちとは言えないだろう。絵が大好きな子供だったという。画才を生かすためかどうか地元の仙台工業学校建築科に進み、明治四十年に卒業すると、地元陸軍第二師団に入って兵器庫などを手がける。しかし、当然ながら自信の画才は生かしようもない。石の上にも三年いた後、心を決めて上京して三橋建築事務所に製図係臨時雇として入った。まだまだ下積みである。

翌年、ついにチャンスが訪れる。いつどういう機縁があったのか知らないが、曾禰達蔵の知遇を得ることができた。曾禰は東京駅や日銀で知られる辰野金吾の大学での同級生で、明治、大正、昭和戦前の日本の建築界の重鎮であったが、彰義隊の生き残りという秘めた過去のせいか、立場の弱い人にはとても温かかったという。曾禰のおかげで、曾禰中條建築事務所に正式な所員として入ることができた。

そして大正十一年、独立し、念願の設計事務所を開く。三十歳。

まさに帝国ホテルの工事中だった。帝都に立ち上がりゆく帝国ホテルを眺めながら、菅原は新橋演舞場の設計を進め、起工し、間に大震災をはさんで、大正十四年、ついに処女作が完成する。これは二六年前までは現役だったから覚えてる人も多いだろう。デザインはライオン以上にライトだった。

この大作を成功させたことから銀座での地歩は固まり、新橋保全会社(新橋の検番、昭和六年。この検番は現存せず)とライオン(昭和九年)を立て続けにつくったのである。菅原のほかの目立つ作品としては駒澤大学旧図書館(現・禅文化歴史博物館、昭和三年)がある程度だから、銀座の三作が彼にとっていかに大きかったか。

二つは消えたが、幸い一つは残った。ジョッキを上げるついでに視線も上げて、壁から天井にかけての装飾を見てほしい。とりわけガラスのモザイクに注目。さすがに絵の好きな建築家だけあって、壁画と建築がよく合い、ほかのよくある例のように壁画が建築から浮いてしまうようなことはない。

図柄もビール会社にふさわしい。中央のアカンサス(地中海大あざみ)によってここがギリシャと語り、服装によって時代は古代と示す。古代ギリシャの生娘たちによるビールづくりの光景である。刈り入れた麦を運ぶ娘さんたちの向こうには麦畑が広がり、さらに向こうには煙突の立つ大がかりな古代離れしたビール工場が見える。上からはブドウがたわわに実っているが、ビールにブドウは使わないと思う。身ぶりと衣服は古代ギリシャの娘さんの顔は、どう見たって大和撫子。少女なんか完全に昭和初期の絵本顔。

時と所はバラバラなのに、さすが画才で知られた建築家、うまく一つ画面にまとめている。

この壁画をほかの有名画家に当てる説もかつてあったが、ご子息の定三氏の証言と資料により、菅原自身の手になることが判明している。

　ライトとの類似について、新橋演舞場のとき、本人は次のように弁明している。

「茲《ここ》に一つ困る事は、新橋演舞場の建築様式が米国の建築家フランク・ロイド・ライト氏の模倣であるかの様に云ふ事である。……演舞場の設計は決して前から有る理論を求たり、考へたりして制作したものではなく、時代や環境等によって形成された自からなる自己の芸術に即して、ただ虚心思ふがままに制作したに過ぎないものである」。

　言うとおり、確かに同時発生という現象もあるが、やはりここはライトの影響と「虚心」に認めたほうがいいと思う。ライトは、日光などの日本の伝統建築と浮世絵などの美術の決定的影響を受けながら、それをついに一度も認めなかったが、そんなところまで倣わないほうがいい。

昭和9年完成の大日本麦酒株式会社ビル

ライオンビ
LION
銀座六丁
Ginza 6-chome
ライオン
クラシックホール
6F
5F
4F
3F
入田屋
Oktoberfest
Löwe 2004
ビヤホール

p.180 ライトの帝国ホテルを思わせる内部空間
p.181 6階ホールのステンドグラス
p.182-3 ビヤホール

TOILET
CIGARETTES

p.184 ビール造りの光景を描いたモザイク壁画
p.185 壁面を飾るグラスモザイク
p.186 厨房入口のグラスモザイク

電通銀座ビル

創業時の煉瓦造三階建ても震災後の八階建ても銀座一の高さ

日本の人は、ある程度の歳に育つと、「デンツー」という名を耳にする。耳にしているうちはいいが、「電通」の二文字であると知ったとき、アレッと思う。どうして電と通の組み合わせなのか。

元々はわかりやすく、明治三十四年七月に光永星郎が諸方面より資本をつのって創業したときは、そのまんま「日本広告株式会社」と言った。業務内容は「広告及経済に関する通信」と謳っている。問題は「経済に関する通信」で、いったい具体的になにをしようとしていたのか。

手がかりは、四ヵ月後に光永社長が同じ木造二階建ての一室で個人的に創業した「電報通信社」にある。二つの会社を一つに読み解くと、「電報」を使って「経済に関する通信」をするということになるが、さてでは、当時最速の通信手段である電報を使ってまで早く知りたい経済情報とはなんだろう。当然のように私が想像したのは相場だった。明治になって始まった株や生糸もあれば、江戸からの米や小豆もある。でも違って、正解は会社の決算報告の速報。それが欲しいのは相場関係者だから似たようなものか。

二つの会社は二年もしないうちに合体し、「株式会社日本電報通信社」となり、やがて略して「株式会社電通」となって今に至るのである。

会社は最初から銀座にあった。創業したのは松崎煎餅の少し北の並木通り。今の銀座しか知らないと、どうして煎餅の老舗近くにといぶかしいかもしれないが、当時、あの辺りには日本の主要新聞社が集まっていた。東京の新聞は一社をのぞいて銀座を本拠としていた。

社長の住まいの一階を借り、七、八人でスタートした電通であったが、成長スピードが著しく、たちまち手狭になって移り、また移り、さらにまた移った先がここで取り上げる電通銀座ビルの場所。ここに明治最後の年、新社屋をつくる。煉瓦造りの三階建て。古写真で見ると本格的な洋風のオフィスビルで丸の内のオフィス街に負けない。当時の銀座の中では異例なまでに大きくて立派だった。

もし、大通りの商店の並ぶあたりにあったら、景観を壊しただろう。なぜなら、大通りの商店は、まだ二階建てがほとんどで、加えて塔を立てたり大看板を掲げたり、中にはエグい建物も混じり。今のような品格が生まれる前の、当時の建築家の言葉を借りると「百鬼夜行」の時代にあたるが、そんな中にはとても似合わない本格派のスタイルだった。山手線のガードの向こう側から飛び越えてきたようなビルだった。

しかし、関東大震災で壊れる。揺れには大丈夫だったが、立派なビルのご多聞にもれず、もらい火でやられた。光永社長は、炎上するビルに向かい、社員一同とともに、「日本電報通信社、万歳」と叫んでから退避したという。事務所の退避先は、ガードの向こうの帝国ホテル内。一段落すると丸の内の仲通りへ。

大正十二年に銀座を去ってから、昭和七年、ようやく焼野跡で工事が始まる。震災復興は昭和五年、東京全市をあげての式典をもって終了しているから、その後を見計らって、新ビルに取り掛かったことがわかる。広告主や広告企業への配慮だろう。

昭和七年に起工し、完成は翌八年。それが今の電通銀座ビルである。戦後、昭和四十二年に築地に移るまで、電通の本社はここだった。

なんだか社史みたいになってきたが、ここまでくるとようやく建物について触れることができる。なんせ目の前に建っているのだ。

八階建てのなんのヘンテツもない戦前のクラシックビルに見えるかもしれないが、まず八階という階数に建築探偵は注目する。当時、法律で高さ一〇〇尺に制限されており、ビルだと八階が上限。ガードの向こうでは八階建てが軒を連ねていたが、こっち側では、和光で七階なのだ。他はおして知るべし。

電通の八階は、銀座一だった。どうも電通は昭和七年の段階で、商店街としての銀座に納まりきらなくなり始めている。

近寄ってみよう。まず玄関の上の壁にマークがあるのに気づく。古い電通マークに違いないが、星にオリーブの葉はどこから来たのか。広告の業界の星となれ、か。それもあるかもしれないが、社長の名前が元だろう。光永星郎。よくできている。光は永い。星の男。欧米風にひっくり返すと、星の男の光は永い。その星から来たマークだろう。

マークの左右に男女二人のレリーフが刻まれている。左は吉祥天。衆生に福徳を与える女神として知られる。右は東大寺の戒壇院の四人のうちの一人だと電通のホームページには出ている。左手に巻物、右手に筆を持っているところから判断すると広目天だ。巻物と筆が広告につながると言えば言えるし、広目の名もつながると言えば言えるが、本当にそうか。

持国、増長、広目、多聞の四天王のうち、増長はまずいし、持国はそこまで言わなくてもだが、広目と多聞の二人は広告業にはふさわしい。広く社会を眺め、広告主から多くを聞いてよい広告をつくるべし。

どうして多聞じゃなくて、広目のほうが選ばれたのか。

広目天は須弥山《しゅみせん》の西にあって西方世界を守護すると言うが、ビルは銀座の西に位置する。守護すべき西方世界とはなにか。ガードのすぐ西側には丸の内、日比谷のオフィス街があるが、いくら震災の後、お世話になったとは言え、それではないだろう。さらにその向こうの皇居、あるいは霞ヶ関、国会と見たらどうだろう。

中に入るとエレベーターがあって、エレベーターの上部の壁は、ニューヨークの摩天楼から引き写してきたような、純度の高いアール・デコ様式のモザイクタイルの装飾で飾られている。

p.191 完成時銀座一だった8階建て
p.192-3 エレベーター上のモザイクタイル

銀座西六丁目
dentsu

3 4 5 6 7 8
自動

満員
B1 1

玄関上の壁に吉祥天（上）と広目天（下）

奥野ビル

同潤会の建築家が手がけた由緒正しきアパートメント

銀座に残るクラシック、と言っても戦前のことだが、竹田ビルに続くクラシックアパートメントの第二弾は現・奥野ビル。昭和七年につくられたときは、その名も「銀座アパートメント」。

銀座一丁目の銀座通りからちょっと東に入った静かな通りに面しているが、角を曲がって通りを見通すと、まるで毛でも生えたように植物が壁面を飾るビルがあるからすぐわかる。近くから見ると、各室の窓の下に小さな張り出しがあり、そこに土が入っているのか、それとも植木鉢など置ける極小ベランダでも張り出しているのか、各室の借り手のみなさんが草花や花木をてんでんバラバラに育てているらしい。昔はこういうビル光景は少なくなかったが、今は珍しい。とりわけ銀座ではこれが最後だろう。最後の花とばかりに、伸び放題のもある。

中に入って驚くのは、そのクラシックぶり。入口ロビーに貼られたタイルは昔の布目タイルかと思って確かめると、布目ではなくてスクラッチ（引っ掻き）系の色タイルで、瀬戸あたりのタイル産地のオバサン連中が竹櫛かなにかで引っ掻いた筋の上に青味がかったシブい釉薬がにじむ。

タイル以上に泣かせるのはエレベーターで、表示は昔のまんまのアナログ方式。ドアは蛇腹方式だから自分で開けないといけないが、すごく重い。ヨイコラショッ。

エレベーター前の管理人室に合資会社奥野商会の奥野亜男《つぐお》さんを訪れる。

社名とお名前を見ただけで、父か祖父の起こした会社がこのビルを建て、今は亜男さんが継いでいることは予想がつく。聞いてみるとそのとおりで、奥野商会は祖父の治助が起こし、ビル（アパートメント）は父の治助（二代目）が建てた。

初代の治助は、伊勢志摩の生まれで、明治の中ごろ上京し、上京してからなにをどうしたのかわからないが、とにかくパッキンで一山当てる。蒸気機関車の車軸を受けるボールベアリングの中にチリが入り込むのを防ぐダストキーパーなる精密部品の製造で小山を当てた。現在地で明治三十年ごろ、機械部品の製造を始めたわけで、立地からしてもちろん家内工業にすぎない。今ではほとんど忘れられているが、明治の銀座は表通りから少し入ると、家内工業がたくさんあった。いや、表通りにもあったはずで、その伝統があらばこそ今でも木村屋は七、八階でパンを焼き、店頭で売っている。調べたわけではないが、ミキモトだって真珠の加工をしていたかもしれない。しかし関東大震災で会社は焼け、それを機に工場も自宅も大井町に移り、さらに工場は藤沢に移っている。

震災の後、工場と自宅が大井町に移って空地となった現在地に建てられたのが、鉄筋コンクリート造七階建ての銀座アパートメントだった。

以前、第一弾として竹田ビルを取材したとき、昭和初期においてアパートメントはとても珍しい存在だったとの前提で話を進めたのだが、どうも間違いで、震災の後、事情は一変したらしい。震災前には東京中で二棟（その一つが現・山の上ホテル）しかなかったのが、昭和十年の調査では千棟を超えるほどに激増した。その一つだったのである。

激増したアパートメントに住んだのはどんな人たちだったんだろう。銀座アパートメントには作詞家の西條八十や〈東京行進曲〉を歌った佐藤千夜子などが住んだ。そのほかお妾さんも多かったという。

つくりを見てみよう。鉄筋コンクリート造七階建て、地下室、屋上ペントハウスつきで、一階から六階までは三五戸が入り、一戸は三・五坪の部屋に台所つき。便所は各階に共同便所。地下室には全館暖房用のボイラー室と共同浴室が納まり、屋上階には共同の洗濯室と干し場、そして談話室。

こんな話を管理人室でうかがっていると、突然、若い男の人がドアを開けて顔を出し、「エレベーター、どうされるんですか」、奥野「みなさんの助けがあるとありがたいですがねえ」。建設時以来そのままのエレベーターが全面補修の時期を迎えているらしい。

「大きなゴミ、勝手に出しちゃいけないいんですよねえ」、奥野「ちゃんとルールがありますから」。管理人室に明かりが点っていると、借りている人たちが挨拶がてらに顔を覗かせて一言二言話していく。

「昔の長屋の大家さんみたいなもんですよ」。

ウロコが一枚、落ちた。アパートとは言っても、昔の長屋が縦になって不燃の鉄筋コンクリートに納まったようなものなのだ。台所つきの一部屋というのは、九尺二間の長屋の間取りを偲ばせるし、共同の便所と洗濯場も長屋っぽい。

その一方、各戸に風呂は欠くものの、共同浴場はなかなかのものだし、全館暖房にいたってはいつの話か。談話室だって普通じゃない。当時の一般的アパートメントにしては、いずれも贅沢すぎる。

伝統的な長屋とモダンな性格が入り混じっているのだ。こんな珍しい内容のアパートメントを設計したのはだれなのか。設計者について聞くと、驚くべき名前が帰ってきた。

「カワモト・リョウイチさんです」。

そうか、そうだったのか、それならわかる。川元良一は、同潤会の建築家として史上に名を残している。

「それでわかった」の第一点は、各戸の窓の下に突き出ていた小さな張り出しで、これは同潤会青山アパートメントハウス(最近、安藤忠雄さんの設計で建て替えた)でもなされていた。

第二点は、長屋性とモダンの混在で、同潤会はアパートメントという新しい暮らし方を普通の人々、落語で言うなら熊さん八つぁんの間に根づかせるために、意識して伝統的な要素を取り込んだ。共同の洗濯場と干し場は江戸の長屋の井戸端を偲ばせる。その一方、全館スチーム暖房のような近代的試みもした。

同潤会で鳴らした川元が、同潤会を辞めた後、手がけた由緒正しきアパートメントだった。

p.200 正面入口脇に大きな丸窓
p.201 今は事務所，ギャラリーなどが入る

上 エレベーターの階数表示はアナログ式
下 木製の手摺り・親柱がクラシックな階段

鈴木ビルディング

歌舞伎界との縁の深さがうかがわれるド派手な外装

銀座一丁目の鈴木ビルに行ってきた。戦後ある時期までは「貸席甲子屋倶楽部」の名で通っていたという。貸席が倶楽部を名乗るのも変わっているし、甲子屋をキノエネヤと読める人がどれだけいるか。建物の名前からだけでは正体がうかがいしれないこと甚だしい。

一丁目といっても、銀座通りからは大きくはずれ、新富橋のたもと、一丁目二十八番。橋の下は今は道路になって、車が流れているが、以前は築地川が流れていた。橋を渡るともうそこは銀座ではない。新富町に入る。

「貸席甲子屋倶楽部」からでは、なんのビルなのか予想もつかなかったが、今の鈴木ビルもなかなかのもので、入居会社の標示板を見ると、いちばん下に小さく、それもごく小さな紙に「甲子屋倶楽部」と貼り付けてある。今となっては銀座のハズレとしか言いようのない新富橋近くに、どうしてこんなに派手に飾り立てたビルがつくられたのか。後でイチイチ述べるが、このスケールのビルとしてはそうとうエグい。

私の手元には、編集部から送られてきた学術論文、鈴木陽子「座元九代目森田勘弥と帳元甲子屋藤七」がある。鈴木陽子さんが鈴木家伝来のオリジナル史料を駆使して、甲子屋の来歴を記したものである。

題からうかがえるように、甲子屋の鈴木藤七は、森田勘弥と切るに切れない縁にあったのだ。

森田(守田)勘弥の森田家といえば、中村座、市村座と並ぶ江戸三座の一つ森田座のオーナーにほかならず、江戸、東京の歌舞伎界のリーダーとして知られるが、銀座との縁は深い。森田座は現・歌舞伎座の位置にあったが、天保の改革により三座は浅草方面の猿若町に追放され、近くの吉原と並んで江戸の「悪所」として鳴らすのだが、森田座を支えていたのが鈴木家の甲子屋だった。

甲子屋は森田座の「帳元」を務めた。このたび初めて知ったが、歌舞伎の座は「座元」にして役者の森田とか中村とかばかり有名だが、その派手な活動を陰で経営的に支えるのが「帳元」で、座元と帳元の両輪の上に乗って、初めて歌舞伎は走ることができた。表の座元、裏の帳元。

甲子屋は、帳元だけでなく、「蔵衣装・楽屋焚出し」、つまり歌舞伎で使う衣裳と食事の供給もやっていた。衣裳と仕出しの権利は、もともとは座元にあったが、どうも借金のカタのようにして座元から甲子屋へと移ったらしい。衣食住の三つのうち二つを甲子屋は握っていたのだ。江戸三座・森田座の陰に甲子屋あり。

そして明治維新。十二代目守田勘弥が大芝居に打って出る。歌舞伎史上最大ともいえる大芝居で、歌舞伎の洋風化、近代化、オペラ化に邁進する。荒唐無稽を旨とした劇の内容を史実にそったリアリズムにするとか、貴顕紳士良家子女の(表向きの)好みに合うように殺しと性のにおいを消すとか、外国人のために椅子席を増やすとか。

大芝居と並んで守田勘弥はもう一つ大きな決断をした。浅草のはずれに追放されていた座を、明治五年、都心へと戻したのである。三〇年ぶりに銀座方面に歌舞伎が帰って、今日の銀座の歌舞伎の隆盛へと続くのだが、厳密にいうと銀座ではなくて、銀座と築地を分ける築地川の築地側の新富町に帰ってきた。そして、森田座を町名にちなんで新富座と改める。

銀座から見ればはずれの新富町を選んだのは、新たに外国に開かれた築地外国人居留地を強く意識しての決断に違いない。椅子席増加も具体的な目算があってのこと。

甲子屋の鈴木万蔵も築地に本拠を移した。

かくして銀座方面に帰ってきた十二代目守田勘弥と甲子屋鈴木万蔵は、団・菊・左を迎えて一時代を画すが、改革に急すぎたのか、やがて新富座はうまくゆかなくなり、二人は座の経営から離れ、今の歌舞伎座に古老として迎えられて、余生を過ごし、明治二十九年に万蔵が病死し、後を追うように翌三十年、勘弥が亡くなった。座元、帳元の権は失っていたが、いちおう栄光の森田座創業の故地に帰って、没することができたのである。

万蔵の没後、鈴木家は歌舞伎界からは離れる。離れて以後の話は、鈴木喬雄さんからうかがった。喬雄さんは万蔵のひ孫にあたり、先に引いた論文の鈴木陽子さんの父である。

万蔵の子の貞吉は、本とレコードの店を開いた。そこそこうまくいっていたが、関東大震災でやられ、それを機に本拠を築地から銀座へと移す。それが今の鈴木ビルで、震災復興建築ということになる。

新ビルには鈴木家の住宅のほかに、文進堂書店、ブンシン堂電気部、甲子屋倶楽部の三つが入った。文進堂が本屋であるのはわかるが、さて、電気部と倶楽部はなにか。喬雄さんによると、電気部はレコード販売から続く商売で、蓄音器とラジオを扱ったという。

問題は甲子屋倶楽部である。正体は貸舞台だったという。歌舞伎の清元や常磐津や踊りの練習と小規模な発表会に使われた。歌舞伎とは切れていなかったのである。

かくして、ビルの中身はわかったが、この表現はどうしたのか。壁にはベイウィンドー（張り出し窓）、屋根にはドーマーウィンドー（突き上げ屋根）、それだけでも目立つのに、壁に貼られるのは、スクラッチ・タイル（引っ掻きタイル）をベースに、テラコッタ（造形陶板）。それも一部に金を使ったテラコッタ。階段室に貼られる布目タイルも、なにかの間違いではと疑われるほどに派手。こんな布目タイルは見たことがない。

このド派手の背景には、やはり歌舞伎の衣裳の美学があるのではないか。なんせ、歌舞伎とともにン百年の家なのである。

設計者については、鈴木家に伝わる図面によって初めて確認できたが、大正、昭和初期に活動した山中建築設計事務所。所長の山中節治はいちおう歴史に名を残している。

p.207 窓が目立つ派手な外観
p.208 柱の彫刻とテラコッタ
p.209 スクラッチ・タイルをベースにテラコッタを貼った壁

S.B.S
COFFEE

F

p.210 階段室
p.211 ド派手な布目タイル

東京銀座資生堂ビル

一二九年ぶりの外国人建築家と赤煉瓦

銀座の歩みを調べはじめたころ、と言ってももう三〇年近く前になるが、資生堂の立地が疑問になった。「銀座の資生堂」というわりには、どうして銀座のヘソたる四丁目交差点のそばではなく、あんなに新橋寄りにあるのか。あるとき、この疑問を福原義春さんにぶつけると、答えは簡単で、

「資生堂ができたころは、あっちのほうがにぎやかだったんですよ」。

銀座は南から温もりはじめたのである。

言われてみるとそのとおりで、資生堂の立地は、東京の表玄関として明治五年に開業した新橋ステーションに近い。一方、四丁目交差点の玄関口となる有楽町駅の開業は明治四十三年まで待たなければならない。

資生堂は、新橋ステーションの開業とまさに同じ年、現在の資生堂パーラーの位置に、今で言うなら薬局として開業し、翌年、向かいの現在の資生堂ザ・ギンザの位置に化粧品部を出して、ここに「銀座の資生堂」として誕生する。

銀座の街は、資生堂創業直前の大火(明治五年)の後、一大都市計画が実施され、明治六年、大通り沿いはロンドンのリージェント・ストリートに倣った赤煉瓦造りの洋式ストリートとして再出発

しているが、薬品部も化粧品部もその一画に店を構えてスタートした。資生堂は、新橋ステーションと銀座煉瓦街の申し子と言ってかまわない。

さて、それでは今日に至るまでの資生堂と建築家の関係について。

新橋ステーションはアメリカ人のR・P・ブリッジェンス、煉瓦街はアイルランド人のT・J・ウォートルスだから、資生堂は外国人建築家の作品を揺籃《ゆりかご》として赤ん坊時代を過ごしたわけである。

銀座の商店はどこも外国人作品の中で幼少時を送ることになるわけだが、その後、外国人建築家は跡を絶つ。ブリッジェンス、ウォートルス以後、なぜか現れない。昭和八年にA・レイモンドが教文館をつくっているが、アメリカ人の彼は、建築家としての生涯を日本で送っているので外国人扱いはしない。東隣の築地にも西隣の丸の内・日比谷にも、北隣の日本橋にも明治、大正、昭和を通じて外国人建築家が出没するのに、銀座は絶える。

代わりに日本人建築家が活躍する。たとえば辰野金吾が大正五年に化粧品部を手がけている。辰野はミキモト(ただし大阪支店)もやっており、日銀本店や東京駅のような政府関係や財閥以外にも銀座の有力商店とはつながりがあったんだナ、くらいにしか思っていなかったが、今回、資生堂について書くために、辰野の資料をめくり返していて、小さな発見があった。辰野は最初の設計事務所を、銀座の煉瓦街で開いていたのだ。明治十九年、三十三歳のとき、山下町(現・五、六丁目、泰明小付近)の経師屋の下勝五郎の店の二階で開いた。これが日本における民間設計事務所の第一号。しかし開いてはみたものの、依頼が少なくて撤退を余儀なくされたが、とにかく一度は銀座の人となったことがあったのだ。

辰野以後、数多くの一流日本人建築家が銀座で仕事をした。資生堂について見るなら、化粧品部は、辰野の後、震災の再興に前田健二郎が、現在のザ・ギンザは昭和五十年に芦原義信が手がけた。薬品部、パーラーのほうは、震災の後、前田健二郎が、さらに戦後の昭和三十七年に谷口吉郎が新築し、昭和四十八年には全面リニューアルしている。そして二〇〇一年、新しいパーラーのビルができた。建築家は、スペインのリカルド・ボフィル。ウォートルス以来、実に一二九年ぶりに外国人建築家が銀座に帰ってきた。

偶然かもしれないが、パーラーの建て替えとほぼ同時に、旧新橋ステーション跡地（汐留地区）に超高層ビル群の開発が進められ、それらの設計者のなかには、フランス人のジャン・ヌーベルやイタリア人のレンゾ・ピアノがいる。加えて〈ゆりかもめ〉の駅も開業した。

新橋ステーション開業時のような熱気が、銀座の中から起こってきたのである。銀座本来の玄関口はこっちのほうだ、とばかりに。

さて、ボフィルの資生堂である。彼の代表作は、フランスにつくった集合住宅パレ・アブラクサス（一九八二）で、映画《未来世紀ブラジル》の舞台としても使われたことで知られているが、特徴は、古典的、伝統的なデザイン要素を現代に回復する手法にあり、その点がポストモダンと評された。

資生堂パーラーの入る正式名〈東京銀座資生堂ビル〉を訪れてみよう。まず一階に入ると、天井の高さに驚く。大げさに言うと劇場みたい。銀座にはまれなこの高さは、広場的性格を持つ一階だけではない。四、五階の資生堂パーラーはもっと高くて、二階分を使った吹き抜けとなっている。最上階のラウンジファロ資生堂も高天井。

もっと広いビルなら考えられるが、この広さのなかでよくここまで天井を高くした。現代の建物の天井の寸法になれた目には驚きだが、戦前のパーラーもこのくらいあって、実はヨーロッパの古典的、伝統的な空間感覚なのである。

手すり、ノブ、窓回りなど細部のつくりの随所に古典的ボキャブラリー（造形言語）を見ることができよう。

外観も同じで、全体が層の積み重ねとしてデザインされていることを見逃さないでほしい。窓の割り付けには、縦の流れに加えて、水平の層の意識が見られる。端的に表されているのが最上階で、水平のコーニス（蛇腹）をグッと引いて、縦の流れを切っている。こうした層の意識も、ギリシャ以来のヨーロッパの伝統にほかならない。

外壁の色が赤いことについて、福原義春さんは「ボフィル氏から最初に出されたプレゼンテーションは違うものだったが、結局は外壁にこのレンガということを考えてやっていくことになる」と書いている。赤煉瓦の色も一二九年ぶり。

p.217 層を積み重ねたデザイン
p.218 正面入口とショーウィンドー
p.219 129年ぶりの赤煉瓦の色
p.220 天井の高さが目を引く1階パーラー
p.221 最上階ラウンジ
p.222 最上階吹き抜け

SHISEIDO
スペーストラスト

SHISEIDO
FARO

TSUBAKI

中銀カプセルタワービル

建替問題が浮上したメタボリズムの金字塔

新陳代謝のことを「メタボリズム」と言う。新陳代謝が悪くなるのをメタボリック症候群と言う。飲みすぎ食べすぎに気をつけましょう。

銀座の南のはずれ、銀座八丁目十六に中銀カプセルタワービルといういっぷう変わったビルが建っているのをご存知の人も多いと思う。丸い窓のあいた四角い白い箱が、茎に取り付く芽キャベツの群れのように、下から上へと凹凸をなして積み上げられて一つのビルをなす様子は、一度見たら忘れられない。

中銀は、チュウギンではなくてナカギンと読む。カプセルは、カプセル・ホテルのカプセルと同じ意味。ナンダソンナモノカと軽く見てはいけない。カプセル・ホテルの考え方も名称も、元をたどるとこのビルに行き着くのだから。

カプセルというコンセプトは、と書いて少し気恥ずかしくなったが、横文字が新鮮に映った一九六〇、七〇年代の日本は六四年の東京オリンピック、七〇年の大阪万博と、世界に肩を並べた日本の力を謳い上げて疑わなかった時代だが、時代がピークに達した一九七二年に出現し、今から振り返ると、まさにその時代のシンボルとして映るのがこのビルなのである。

設計したのは、そのころ花形建築家の名をほしいままにした黒川紀章。このタワーを建てたときの黒川さんは三十八歳の新進建築家だった。私は二十六歳の大学院生だった。それから三四年、黒川さんは七十歳を超え、日本芸術院会員として建築界の長老となり、私も還暦を迎える。まさに綾小路きみまろの「アレカラサンジュウネン」、カプセルタワーは取り壊し計画にさらされている。

中銀カプセルタワーとメタボリック症候群とは関係あるようなないような、はっきりしないが、中銀カプセルタワーとメタボリズムは切り離し難く結ばれている。「メタボリズム」という生理学や医学の専門用語を、専門の門の外に引きずり出して最初に使ったのは、若き日の黒川紀章だった。一九六〇年、二十六歳のときに使っている。

戦後建築史の年表にちゃんとそう出ている。一九六〇年、高度成長期を迎え、四年後の東京オリンピック開催が決まり、日本の建築界とデザイン界は、敗戦の傷をついに克服したことを世界に向けて示すべく、一大イベントを開いた。世界デザイン会議と言い、日本の主だった建築家とデザイナーが出席し、海外からも一流どころが来日した。世界的に見れば、グロピウス、ミース、コルビュジエといった二十世紀前半の巨匠の後の世代。日本なら丹下健三、アメリカならルイス・カーンといった二十世紀後半世代が自己主張をする祭典となった。その祭典会場の受付近くで、黒川紀章とその仲間たちが、「メタボリズム」と英語で銘打つ小冊子を販売し、これを機に、日本にはメタボリズムと名乗る前衛的グループがあって、丹下健三の後をうかがっていることが海外に知られるようになる。

メタボリズムの主張は、名のとおり新陳代謝で、建築といえど新旧が連続的に入れ替わらなければならない。具体的には、古くなった部分は新しいものに取り替えられ、必要とあらば次々に増築され、時間の経過に従って増改築を連続的に繰り返す必要がある。建築を岩のような記念碑としてではなく、無限に変化するアメーバのような存在として考えよう。難しい言い方をするなら、時間を内在した空間。

今から考えるとそうたいした思想でも理論でもないけれども、世界の建築界を震撼させたのだった。

なんせピラミッドやギリシャ神殿このかた、ヨーロッパの人は、建築は永遠に続き、だからこそつくるに値する、と考えてきたのに、アメーバみたいなものだと言うのである。この考え方の背後には、おそらく日本の木造建築の、地震で倒れやすく火事で燃えやすいという非永遠性があるに違いない。学生時代の私も、講演会で黒川紀章からこの考え方を聞き、「やっと思想らしい思想に出会うことができた」と、大喜びしたものである。

このメタボリズムにより、黒川は師の丹下から独立した存在として日本の建築界で認められるようになり、またあれこれの話題で広く社会にも知られるようになり、さらに世界の建築界にも羽ばたいて行く。

そのメタボリズムの、もっともメタボリックな作品として黒川が世に問うたのが中銀カプセルタワービルなのである。

畑に生えている状態の芽キャベツみたいな一度見たら忘れられない姿は、メタボリズムの理論からダイレクトに導かれている。具体的に言うと、芽キャベツみたいに積み重ねられた四角い箱は、あれがマンションの一戸、と言っても一室で一戸。面積一〇㎡(三坪)、中には、にわかには信じられないが、ベッド、台所、便所、風呂が、ごく小型にせよ、ちゃんと納まっている。一つのカプセルとして別のところでつくられ、現場に運んできてから、中心に建つシャフトに取り付けられている。シャフトの中にはエレベーターや階段が納まる。

積み上げられているように見えるが、箱と箱の間には隙があって離れており、各箱はシャフトに直接取り付けられている。後から取り付けた箱だから、なにかあったら取り外せばすむ。確かに、それまでの建築の概念を打ち破る衝撃のメタボリズムだった。

あれから三十有余年、配管が古くなって洩れるようになった。老齢化によるメタボリック症候群が発症したのだ。でも配管だけ取り替えればいい。配管のメタボリズムである。のはずが、すべての箱を一度取り外さなければ、管を修理できないつくりになっていることが判明した。メタボリック症候群を治すことのできないメタボリズム。で、建て替え問題が生じている。

p.227 一度見たら忘れられない姿
p.228-9 箱はそれぞれ直接シャフトに
p.230 カプセル・ホテルはここから生まれた
p.231 内側から見た正面入口ドア

Nakagin
中銀
テナント募集中
ポプラ

押
押

A408
B401
ゲネシス
冨永
B402
B403
B404
B405
下田
B406
YSコーポレーション 西本
小林
上野
B504
B505
B506
B507
(有)一嘉
飯島
B508
中田直久
アステオン
株式会社アステイオン
稲田
B608
A701
A702
A703
A704
佐野
福島
A-805
宮川
A801
A802
A803
A804
A805
A806
佐藤
B901
B903
A904
A905
A906
A907
A908
アコード
B1001
B1002
B1003
B1004
B1005
A1008
タムラ総合企画研究事務所
B1106
B1107
深堀

郵便受け

ボルドー

普請道楽の旦那が知恵と金を投入してつくり上げた最古のバー

現在、店を取り仕切っている新沼良一さんに話を聞き始めたが、途中から「そんなことなら姉のほうが詳しいから」と、大正十二年生まれの藤澤ヨシ子さんに昔話をうかがうことになった。うかがって、銀座の歴史について、目からウロコがいくつ落ちたことか。ボルドーは、銀座はむろん、日本でいちばん古いバーの一つとして名高いが、これほどのものとは。

私の専門の建築界の話題にかぎっても、戦前、大学院生時代の丹下健三が客の一人で、酒は弱いらしくてなめるように洋酒を楽しみ、ときにはまだ少女時代のヨシ子さんを資生堂パーラーへ連れて行ってくれたりしたという。

昭和二年にオープンした当時の建物の姿と時代の空気と人までも、そのまま今に伝えているのである。

話は明治にさかのぼるが、銀座の新橋寄りに新たに花柳界が生まれ、新橋芸者が出現する。明治新政府のリーダーたちが顧客で、旧江戸の流れを継ぐ柳橋芸者と、この方面の勢力を二分して繁栄した。新橋芸者出身で明治政府のリーダーの妻になった者も一人や二人ではない。

ヨシ子さんにこと細かに説明してもらって胸に落ちたのだが、花柳界というのは、芸者の置屋（プロダクション）と見番（プロダクション組合事務所）と待合（お茶屋とも言い、飲食の場）と仕出屋の四つからなり、客が待合に出かけると、そこに芸者が登場し、料理が供されるのだが、芸者は必ず見番を通してしかやってこないし、料理も外の仕出屋から届けられる。

新橋芸者の場合、置屋は新橋寄りの裏通りに集まり、見番は今の新橋会館の位置(健在)、そして待合は、多くが築地にあり、仕出屋もその近辺。現在、料亭として名の通る築地の新喜楽も新橋の金田中も、元はというと料理は出さない待合だった。現在は築地を名乗る料理屋のいくつかも、かつては待合への仕出屋だった。築地の料亭や料理屋は、魚河岸と関係あるとなんとなく思ってきたが、発生的には無縁で(魚河岸が築地に移ってきたのは震災の後のこと)、新橋芸者とコンビで発達したのである。

その新橋芸者の置屋の一つ、藤都《ふじみやこ》を経営する藤澤菊じ郎(じの漢字は未詳)に、しげ、きみ、なるの三人の娘がいて芸者に出ていたが、きみにいい旦那がついた。名古屋の資産家の息子の奥田謙次氏である。旦那になる前の若いころのことだそうだが、そのころから花柳界に入り浸り、奥田氏が名古屋の実家に帰ると、「謙次が帰ってきた！　蔵の戸を閉めろ」と騒ぎになったほどだという。蔵の中の家宝を持ち出して、売り飛ばして遊び代に充てたのである。

きみを身請けした奥田氏は、妻と子供のいる築地の家と、きみのために建てた愛宕の家と二つの家庭を持つことになる。

身請けされて芸者をやめたきみさんはどうしたか。昭和二年というから震災の復興のとき、生まれ育った藤都に近い現在地に、バーを出した。

建物の資金はもちろん旦那。それは私にもわかるが、わからなかったのは、このような印象深いインテリアをいったい誰が設計したのか。ちゃんとした建築家にしてはスタイルがはっきりしないし、濃すぎる。建築家なら、ここまで濃くなる一歩手前で鉛筆を止める。かといって、町場の大工さんに任せたにしては洋風表現が本格的だ。

設計したのは旦那本人だった。

普請道楽で、築地と愛宕の家も自分が概要を指図してつくったというし、仕事として建築に携わってもいたという。

この濃さは、建築好きが自分のために自分の知識と資金を惜しまず投入した結果なのである。使う材料は一つ一つ自分で吟味して買い付け、工事が始まると、職人の横についてあれこれ言うし、専門知識もあるので、現場からはそうとう迷惑がられたという。確かに、この狭い敷地の中に、吹き抜けと暖炉を持つ、これだけ入り組んだ二階建ての店を建て、おまけに奥には店と同系統の洋風のデザインで、ちょっとした住まいまで設けているのだから、普通の工事の何倍も大変だったのは間違いない。

「建築家にしてはスタイルがはっきりしない」と書いたが、具体的に言うと、こうした当時のバーや喫茶店はチューダー様式をベースにしてイギリスの中世の館的なムードをかもし出しているのだが、純粋にチューダーかというと、そうでもなくて、自分好みのデザインがたくさん入っている。建築家はこういうことはしない。

昭和二年、このように濃いインテリアのバーが銀座に出現して、さて、どんなお客さんが来たんだろう。当時、バーは、カフェに比べ少なかった。女給さんはいない。いるのはきみさんとバーテンダーとドアマンの三人。

ヨシ子さんの覚えているのは、米内光政、犬養毅、岩崎恒弥など。外国大使館の大使夫妻がときに寄って、タバコをくゆらせながら革表紙の洋書などを読んでいた。洋書も外国タバコも店の備品。当時のバーがそうだったのかボルドーだけのことなのか。とにかく深閑としていた。

酒の値も高く、岩崎家の岩崎恒弥ですら、戦後のことだが、きみの後を継いだヨシ子さんに「お前のところは高かった」と言ったという。日本の酒は置かず、ワイン、ウイスキーなどいずれも舶来物。

階段の上のほうにミミズクもいたという。チューダー系にミミズクの置物はよく似合うと思ったら、生ミミズク。本物。さぞかし人気かと思ったら、じっとしているだけで、おもしろくもなんともなかったという。客がタバコの火を近づけると、ようやく反応するくらい。

そのような不思議な空間が、震災後の銀座の一隅につくられていたのである。

戦後、きみさんが亡くなった後、妹のなるさんの子供のヨシ子さんと良一さんが後を継いで、現在に至る。

p.237 オープン当時の姿そのままに
p.238-9 吹き抜けと暖炉がある2階建て

LETTERS

蔦に埋もれそうなプレート（上）と入口脇の石柱（下）

静岡新聞・静岡放送ビル

鳥の巣でもないのにいくつも箱が取り付いて

新幹線に乗って関西から帰ってくるとき、どの建物が見えたら、「ああ、東京だなァ」と思うだろうか。

私の場合は、新橋駅を通過してすぐ現れる、「静岡新聞・静岡放送東京支社」のビル。こげ茶色の円筒に箱をいくつも取り付けたような姿が見えると、加えてその向こうに銀座の通りが伸びているのが見えると、降りる用意に取りかかる。

このいっぷう変わったビルができたのは、三九年前で、設計者はかの丹下健三。丹下の銀座唯一の建物にほかならない。どうしてこのような姿になったかについて、縷々《るる》語りたい。なんせ私は、二〇〇二年に出された丹下の伝記『丹下健三』(丹下健三・藤森照信共著　新建築社刊)の著者なのである。

円筒に箱の姿はどうして生まれたんだろう。丹下はバード・ウォッチャーだったのか。確かに、円筒を樹の幹に、箱を巣箱に見立てればそういう結論も可能だが、丹下が愛鳥家だったという証拠はない。

趣味らしい趣味はない人だった。別荘も美術品も持っていなかった。唯一、好きなことと言えば(これは大学受験のため四国今治から上京しての浪人生時代からのことだが)、銀座だった。カフェーで建築仲間の立原道造とダベり、バーで飲み、そのほかアレコレするのが生涯の楽しみだった。若いころ銀座で二年間、放蕩と名のつくすべてをやった、と私に語った。

バード・ウォッチャーでもないのに筒に箱の形が出てきたのには、建築的かつ都市計画的なまっとうな理由がある。これには、銀座に縁の深い電通がからんでくるので、しばし専門的な話にお付き合い願いたい。

ビルというものの平面計画にからむ事柄なので、普通の人には実感としてわかりにくいが、たとえば、超高層ビルといわず身近にある十数階建てのオフィスビルを思い出してほしい。一階や上部のレストランなんかの入る階ではなくて、オフィスが入る普通の階を思い出してください。まず、エレベーターと非常階段と洗面所が隣り合っていたはずだ。オフィスに勤めたことのある人なら、加えて給湯室なんかも近くにあっただろう。上でも下でもなくオフィス用に使う一般の階のことを基準階と言うが、基準階ではほぼ例外なくエレベーター、階段、洗面所、給湯室は一ヵ所にまとめてつくられる。

これらの諸機能が内容的に近いからまとめられるわけではない。エレベーターと階段は似ているが、エレベーターと洗面所に似たところはない。早く降りて洗面所に飛び込む必要なんて普段はない。一見すると似ていないが、よくよく考えると、エレベーター、階段、洗面所、給湯室の四者には隠れた共通点がある。彼らは、人目につかないところでコソコソと手を握っているのだ。

四者の共通点は、下から上まで、上から下まで、各階を貫いて走るところにある。エレベーター、階段はそのもの自体が貫き、洗面所、給湯室は給排水の配管が貫く。まったく目に見えないけれど、空調用のダクト(配管)も一緒になって貫く。戦前のビルでは、ダストシュートとかメールシュートなんてのも仲間だった。

貫くということは、各階につくられた床面を破って貫くのであり、あっちこっちで貫かれては床としてはたまらないから、一ヵ所に束ねて配置されるのである。

これらの集まるところを専門用語でコアと言う。核とか芯の意味である。このコアをどう配置するかが、二十世紀のビル建築の大きなテーマとなった。そして試行錯誤を経て、一つの解にいたる。ビルの中心に置くのがいい。中心にコアがあって、その周囲にオフィスが広がるのが合理的だと。現在、たくさんの高層ビルは、このセンターコアのシステムでつくられている。

その常識化したセンターコアのあり方を、丹下は疑ったのだ。確かに、一つの敷地の中に一つビルを独立してつくるには、センターコアがふさわしいにしても、将来、都市が高密度化して、ビルとビルの間を空中でつなぐような時代が来たら、あるいは、広大な敷地にいくつもビルが建って、それぞれを空中でつなぐような時代が来たら、もっと別の方向があるんじゃないか。

丹下がそうした未来を想定して考えたのが、もっと正確に言うと、愛弟子の磯崎新のプロジェクト(一九六〇)に触発されて考えたのが、まずコアをいくつも独立して立て、コアとコアの間に橋のようにオフィスの床を架け渡したらどうかということだった。センターコアの周りの床面を、電車みたいに空中に突き出して、隣に立つコアから突き出した電車と空中でつなぐのである。

このアイデアを一九六〇年の「東京計画一九六〇」で未来図として描くと、戦後復興を担い、それをついに成し遂げたと自負する当時の政財界の有力者たちは目を惹かれていく。復興を成し遂げて、さてこれからどういう未来を描こうか、という時期に誤またず丹下は未来図を突き出したのだった。

敏感に反応した一人に電通の実力者社長として知られる吉田秀雄がいた。丹下は、吉田の依頼を受けて、一九六〇年、築地につくる電通の新本社ビルに取りかかり、コアとコアの間に床を架け渡す、一大計画(築地計画)を一九六四年にまとめる。しかし、残念ながら実施の緒にはつかず、一九六七年に単体で電通本社ビルはつくられる。これが、丹下による少し前までの築地の電通本社ビルである。

丹下の建築にかける執念は尋常ではない。あまたの優れた弟子たちが音を上げたのは、腕でも才でもなく、建築への執念だった。電通がダメなら電通と深い関係の新聞・放送関係があるじゃないか。で、静岡新聞・静岡放送と、山梨日日新聞・山梨放送の二つの仕事で、一部とはいえ幻の築地計画を実現することになる。

現在、静岡新聞・静岡放送のビルは筒(コア)から箱が飛び出したようにしか見えないが、本当なら、この箱は空中をさらに伸びて、隣の敷地の筒から伸びる箱と合体するはずだった。

p.245 茶色の円筒に箱がいくつも…
p.246 円筒の足元から見上げると…
p.257 窓から新幹線が見える

静岡新聞
静岡新聞 SBS

エレベーターホールと階段

有楽町マリオン

ファサード全面を覆う直線群、建築用語が建物名に

マリオンが誕生してから二三年。月日の経つのは早いが、マリオン以前の光景を忘れたわけではない。丸い日劇が左手にそびえ、間に通りをはさんで右手に朝日新聞が立っていた。朝日に続いて、後ろに回り込むようにして丸の内ピカデリーがあった。

有楽町の駅を下りて銀座に向かうときは、日劇の壁に沿ってグルリと歩いた。朝日との間の道がいちばんの近道だが、カポネ時代のシカゴの裏通りのように暗かった。

私が銀座に行くようになったころには、もう外濠も数寄屋橋も消え、その上を高架高速道路が走っていたから、日劇と朝日が水と一緒になってつくる美しい光景は消え、日劇の大きくて派手な看板ばかりが目立つ、どちらかというと乱雑なストリート光景になっていた。

日劇が乱雑とすると、朝日は、なぜかえらく沈んでいた。二・二六事件で襲撃されたままといった風情で、灰褐色に染められていた。建築界の古老の記憶によると、戦前段階の朝日は、灰褐色どころか明るいモスグリーンで、そこだけ春が来たようだったという。マサカと疑ったが、朝日解体のときに調べると、昔の壁はたしかに明るいモスグリーンに仕上げられていた。

歴史的な話ばかり続けて恐縮だが、このモスグリーン朝日には設計者と施工者をめぐる珍しいエピソードがある。設計も施工も竹中工務店が引き受け、設計は竹中の設計部に入りたての石本

喜久治が担当したのだが、竣工式に出かけた竹中の社長の竹中藤右衛門が、正面玄関の壁の建築銘を見ると、「施工・竹中工務店」の上に、「設計・石本喜久治」と刻まれていた。それも堂々とバカでかく。私もこれを見ている。しばらくして、石本は竹中を退社し、独立して自分で事務所を開いている。ちなみに建築家立原道造が勤めたのはその石本の銀座の事務所。

そんなナマイキな一社員と社長の間でだれも知らない小さなトラブルが一九二七年にあって、それからちょうど五〇年後の一九七七年、竹中工務店で朝日、東宝、松竹、東京都が集って、ひとつの方向についての合意をした。この一画を、地権者が一体になって建て替えようと。

朝日は本社があり、東宝は日劇を持ち、松竹はピカデリーを持つ。地権者としては、もうひとつ、五光商会という、えらく古くからの地主がいる。

朝日は、地下の一大印刷工場をいつまでもこんな東京ど真ん中に置いておけないし、とりわけ日劇は深刻で、ロカビリーブームもとうに過ぎ、満席にできるエンターテイナーは美空ひばりだけの状態。ストリップのミュージックホールも映画も斜陽、いずれもなんとかしなければならない。

で、再開発計画がスタートしたのだが、ここからはいずこも同じ総論賛成各論反対の針の山。マリオン完成までの七年間におよぶあれこれを、竹中工務店顧問の横田武美さんと常務の長崎駿二郎さんにうかがった。竹中は建設会社だが、設計・施工だけでなく、地権者の取りまとめ、行政との調整などディベロッパー的役割を果たしている。もっと踏み込んで言うと、総論賛成各論反対の針の間をかいくぐり、ときに針に刺されたりしながら、完成までこぎつけた。

当事者に私が聞きたかった謎のひとつは、映画館のことだ。当時、だれもが知るように斜陽産業と言われていた映画館を増やすようなことを、なぜしたのか。再開発の案は三〇ほどもつくり、ホテルにしようかオフィスか、それとも都道府県物産館でも入れようか、とさんざん検討したというのに、どうしてよりによって映画館だったのか。建て替え前は、丸の内ピカデリーと日本劇場、丸の内松竹、丸の内東宝、日劇東宝、日本文化の六館だったのに、建て替え後は、日劇東宝、日劇プラザ、日本劇場、丸の内ピカデリーⅠ、同Ⅱ、丸の内ルーブル、丸の内松竹の、なんと七館が入ったのだ。六館から七館へ。総席数は実に五〇〇二席(現在、映画館名は変更)。当時、日本の映画会社は脱映画を模索しこそすれ、後のシネマコンプレックスのような一ヵ所集積化で映画再生を目指す方向には進んでいなかったのに、いかなる事情で五〇〇〇席の一大映画館群が生まれてしまったのだろうか。

東宝系の三館と松竹系の三館は、昔の続きと言えるが、新たに東映系の丸の内ルーブルの進出は、ただごとではない。

横田さんも長崎さんも最初は驚いたと言う。でも、映画という興業界の事情を聞いて理解した。日本の映画会社にとって洋画の封切り興業権の獲得は生命線だが、洋画会社は、どの映画をどこに与えるかを決めるにあたり、席数のチェックをする。総数だけでなく、どこにあるかで評価が変わる。銀座に何席あるか。で、五〇〇〇席も集まってしまったのである。七館も集まるとなれば、どの館をどこに置くのか、その調整は考えただけでやめておきたい。おまけに、東宝の社長は松岡功、松竹は永山武臣、東映は岡田茂。いずれも〇〇天皇と呼ばれ、戦後復興期の映画界の有名事件を生き抜いてきた面々ばかり。

なんとかまとまったのは、面々が映画の将来に共通の危機感を持っていたからだという。

さて、建物と街並み光景に戻って、現在、マリオンの建物を眺めると、だれの目にも焼きつく印象深いマリオン(マリオンとは建築の専門用語で方立《ほうだて》を指す。窓のタテ材)は、どのようにして決まったのか。

全体の計画が固まり、建物の平面がほぼ決まったところで、この巨大な建物群の表情をどう付けるかが最後のテーマとして持ち上がってくる。決めるのは竹中。社内での設計コンペが開かれた。全国の本支店七社の建築家がそれぞれ案を出す。竹中の設計部には石本喜久治以降けっこうツワモノがいて、会社を途中でやめ建築家として大をなす者も少なくない。

コンペを開くと、仕上げ材は、石、タイル、ブロンズ、アルミ、ガラスといろいろ出てきた。面の流れも、タテを強調するもの、ヨコを重視するものいろいろある。

竹中藤右衛門の息子竹中錬一会長は、最初からタテのマリオンを支持していた。でも、担当者の横田さんは「オレはヨコだ、ヨコだ」と言っていた。

結局、マリオンにすることが決まり、建築関係者がマリオン、マリオンと言っているうちに、映画関係者も、いつしかマリオンと言うようになり、建物の愛称としてマリオンの名が生まれた。

p.253 印象深いタテ材とからくり時計
p.254-5 東西二棟を通廊が結ぶ
p.256 長いエスカレーターとミラー

NICHIGEKI PLEX
日劇 1
SEIKO
松竹
丸の内
ピカデリー
ヘッド
1:15 4:00 6:45
何故?
その時、最新鋭の旅客機は、
史上最悪の《戦場》に変わる―!

DoCoMo

東京市街高架鉄道

ドイツ人技師が明治時代に計画し完成させた赤煉瓦のアーチ

写真を見てナニかと思われるかもしれないが、見てのとおり山手線や新幹線の線路である。これのどこが「銀座建物」かと疑われるかもしれないが、銀座かどうかはおいておいて、線路はともかく赤煉瓦のアーチやリベット締めの鉄骨は建物の類に数えてもそう違わないだろう。赤煉瓦のアーチの下で一杯飲んだりもできるから、店舗建築として使われてもいるし。

この新橋から東京駅にいたる赤煉瓦の衝立、西側のオフィス街と東側の商店街を分断する東京の万里の長城について、その成立事情を知る人はきわめて少ない。つくられたのが明治四十三年と知る鉄道ファンはいるだろうが、だれが、いついかなる経緯で設計したのかになると謎だろう。ここではできればその謎を解いてみたい。

今から一八年近く前、宇宙開発事業団の島秀雄さんから電話があった。名前は、新幹線の生みの親の鉄道技術者として知っていた。その功により朝日賞や文化勲章を受賞しておられる。「建築探偵ふぜいになに用か」と思って、事業団の重役室にうかがうと、一冊のドイツ語の冊子を見せられた。フランツ・バルツァー著『東京の高架鉄道』、一九〇三年。戦前に同じく鉄道技師として活躍した父君の遺品だという。

バルツァーの名は、辰野金吾が手がける東京駅の計画過程に出てくるので知ってはいた。ページを開くと、ドイツ語の文と図面が大量に収まっている。ドイツ語に読めないが、図面はわかる。わかるどころじゃなくて、わかりすぎて身震いするほどだった。これまでの建築探偵稼業のなかで体験した発見の喜びのベストファイブに入るだろう。

ページをめくると次々に図面が現れてくる。一つは駅舎の計画で、お寺というべきかお城の城門というべきか、とにかく日本式の瓦屋根が載っている。いったいどこの駅だ。

一呼吸おいて、「モシヤアレデハ」。そう、アレだった。辰野金吾が憎々しげに書き残しているドイツ人による幻の和洋折衷東京駅計画。

「西洋婦人が洋服を着て居ながら、赤毛の島田髷《しまだまげ》に花簪《はなかんざし》をさし、カラやカフスの代りに銘仙の裂《きれ》を巻きつけて、駒下駄を穿《は》いたといふ扮装《いでたち》」。

この駅舎の計画図のほうは理解するのに一呼吸必要だったが、もう一つの高架鉄道計画のほうはすぐピンときた。何度もその脇を通り、その下をくぐった、有楽町駅近辺の赤煉瓦のアーチと鉄骨の線路橋がそっくり図面として描かれていた。というか、この図面に従い、煉瓦は積まれ、鉄骨は組み立てられたのだから、そっくりで当たり前。

たとえば、写真を見ればすぐ思い出せると思うが、赤煉瓦のアーチの壁の端部には、そこだけ御影石が積まれている。専門用語ではコーナーストーンと言い、どうしても力が余分にかかる端部を補強しているわけだが、形といい、出っ張り具合といい、寸分たがわない。図面どおりにつくられたから当たり前なんだけれども、発見者の目にはその当たり前が新鮮に映る。

このバルツァーの高架鉄道計画に基づき、明治三十二年地質調査、三十三年外堀沿いの土手取壊し、三十五年、アーチ着工、間に日露戦争をはさんで、明治四十三年九月、完成した。駅舎の工事は鉄道の後を追って始まり、バルツァー案を嫌った辰野金吾の案に従い、大正三年、現在の東京駅と烏森駅(現・新橋駅)が姿を現し、同年十二月二十日、ついに銀座の西側の長城の上を列車が走った。以来、関東大震災にも空襲にも耐えて、走り続けて九一年。

バルツァーの経歴を吉沢まこと氏の調査によって略述しておく。生まれたのは一八五九年(安政六年)、高名な数学者の子としてギーゼンに生まれ、鉄道技師の道に入り、プロシア国有鉄道に入社、ベルリンの高架の市街鉄道建設やケルン駅建設に従事し、イギリス、アメリカに留学し、明治三十一年、御雇外国人として来日。新橋─東京駅間の高架鉄道建設を指導し、明治三十六年、帰国。帰国後は、東アフリカ、カメルーン、トーゴ共和国で鉄道を建設し、一九二二年、退官。一九二七年(昭和二年)没。人柄はケチだったという。

銀座の西を画して走る山手線は、ベルリンの高架市街鉄道(今もある)やカメルーンの鉄道と兄弟なのである。

ここまで書いて、誤解が生ずる恐れに気づいた。新橋─東京駅間の高架鉄道をつくったのは確かにバルツァーだが、新橋と東京駅の間に鉄道を引くこと自体をバルツァーが考え出したわけではない。

東京の南端の新橋駅から東海道線が横浜に向け、さらに日本列島を西に向けて走り、北端の上野から北に向けて走る、という状態が明治十年代に出現する。ヨーロッパの鉄道は、首都の端部から各方向に向けて発車するのが常だが、こうしたターミナル(終着駅)形式では、各方向の鉄道相互の乗り入れができないという大不便が生じる。たとえば現在パリでは、北へ行くか、東か西か、それとも南か、都合六つもあるターミナルのどれかに出かけないといけない。お互いはつながれていない。ターミナルというと、まことにロマンチックに響くが、不便このうえない。

ヨーロッパもアメリカも、結局この大不便を克服しないまま鉄道の時代は終わってしまうが、明治の日本の鉄道関係者は執念を持って克服につとめる。明治十七年、東京府の土木技師の原口要が新橋と上野をつなぐ市街縦貫鉄道の案を出し、以後これが政府の日本列島縦貫鉄道構想となり、その構想に従ってバルツァーが新橋―東京駅間を明治四十二年につなぎ、さらに大正十四年、東京―上野間がつながって、現在の環状の山手線が出現し、同時に青森から鹿児島までの日本列島縦貫鉄道が完成している。

バルツァーの計画をこのたび改めて眺めていて、新橋駅は立派なのに、現在の有楽町駅に駅舎らしい建物がないことに気づいた。有楽町駅の周囲のゴチャゴチャぶりと、隙間をくぐって入るような場当たり性は、計画当初からだった。銀座の表玄関は、まだ有楽町駅ではなかったのである。

明治43年に新橋から東京まで

上を新幹線が通る

p.263 高架下アーチには飲食店
p.264 赤煉瓦のアーチ
p.265 アーチ端のコーナーストーン

山下橋架道
1K 187M 09
貼紙禁止
新橋保線区長
丸の内警察署長
東海道線（6）
山下橋ガード
お願い
を見た方は、至急
連絡下さい。
東京施設指令
3894-3833

リベット締めの鉄骨（上） 架道橋橋脚と橋桁（下）

銀座の交番

擬宝珠ありマチ針ありカエルあり

銀座には目立つ交番が多い。このたび見歩いて、二つの傾向にはっきり分かれていることを知った。

一つは、銀座四丁目交番（平成元年・村上稔設計）に代表されるもので、鉄（金属）とガラスでつくられたモダニズム系。現代の先端的デザインには違いないが、形を見ただけでは、すぐ交番と気づかないのが難。交番は、街のなかで性格の際立つ施設だし、世界でも日本にしかない特別なものなのである。世界のどの国でも警察は、犯罪や交通を取り締まるのが仕事で、街角の小さな箱の前に立って、突然飛び込んできた人に道を教えたり、急な相談に乗ったりはしない。似ているのはイタリアの観光客相手の観光ポリスぐらいか。

だからどこかそれとわかるようにつくってもらうとうれしい。四丁目交番の屋根の上に親子の青ガエルの像が乗るのは、建築のデザインが無理ならせめて像で印象づけようというねらいがあるのかもしれない。

カエルが「安全カエル」と名乗っているのは、飲酒運転などせずに安全に帰りましょう、の意味と思うが、どうして親子ガエルなのか。お父さん、家には子供が待ってます、か、それとも製薬会社のカエル像と差をつけるためか。

もう一つの傾向は、銀座の歴史を強く意識したもので、ポストモダン系といえばいいか。鉄とガラスを表現の主役としない。京橋際の銀座一丁目交番と数寄屋橋交番の二つがある。ともに橋のたもとにあって、銀座の入り口のしるしの働きをしているが、そのことが建築家に歴史を意識させたのかもしれない。

まず一丁目交番から。だれでもまず屋根の形に驚く。冬の子供用の毛糸の帽子というか、スペースシャトル打ち上げ時のロケットというか。普通、建物の屋根、とりわけ塔状に突き出す屋根の形には、ドームとか坊主とか角錐とかの定番があって、それ以外をやるとたいてい失敗するはずなのに、この屋根は意外にうまく納まっている。八角紡錘を核に、上に一つ四隅に各一つ。都合六つの形を組み合わせるというアクロバットを上手に着地させている。

それにしてもどこからこんな形を思いついたんだろう。

昭和五十九年、今から二二年前にこの交番が出現したときのことを覚えているが、一瞬、エッ、マサカ、と思い、京橋の保存されている親柱を見に行った。

昭和初めにつくられた、石の親柱の形なのである。てっぺんの丸は、伝統的な橋の親柱には不可欠な擬宝珠《ぎぼし》の形からきている。

交番は二階分の壁が立ち上がり、その上に屋根が乗るわけだが、屋根だけでなく全体の形もプロポーションも京橋の親柱によく似ている。世界にいろんな種類、いろんな大きさの建物は数あれど、橋の親柱を真似たのはこれ一つだろう。署員から募集したデザインを取り入れ、桜井凱昌さん(大成建設)が設計している。

京橋際の銀座一丁目の交番としてはまことにふさわしく、気に入っている。

銀座の交番といえば、なんといっても数寄屋橋交番だろう。ここに取り上げた三つのなかで、いちばん早くつくられているし、銀座だけでなく、東京の交番建築ルネッサンスの開幕を告げた第一作にほかならない。これ以後、先の二つの銀座交番を含め、東京の交番の建物は一流建築家が手がけるようになる。その結果、上野公園の動物園前交番や渋谷の宇田川交番のような一度見たら二度と忘れられない彫刻的交番も生まれてくる。

銀座の表玄関・数寄屋橋の交番はどのようにしてつくられたのか。設計を手がけた建築家の山下和正さんの事務所を訪れ、お話をうかがった。

まず聞いたのは、屋根のてっぺんに突き出している例の球の飾り。

「マチ針」

「エッ……」

「伊藤隆道のせい」

「……」

「警視総監がいいって」

「……」

マチ針といえば、裁縫に使う先にカラフルな玉のついた小さな針だ。伊藤隆道といえば、日本の代表的彫刻家。彫刻家が警視総監の頭にマチ針でも刺したのか。

マチ針の一件を順序だてて述べると次のような話なのである。

警視庁から設計を依頼された山下さんは、屋根のてっぺんに飾りをつけようと考え、デザインを伊藤隆道に頼んだ。ところがなかなか案が出てこない。そうこうするうちに、警視庁が、警視総監に見せるための模型を出すようにと言ってきた。だいたい決まっていた建物全体の姿を発泡スチロールでつくり、てっぺんの飾りは、案が出てないので仕方なく、手近にあったマチ針を刺し、マチ針は仮だと言い添えて提出した。

数日後、警視庁からきた答えは、「総監はこれでいいと言ったので、このままやるように」。かくして、てっぺんはマチ針のまま現実化してしまったのである。

間に合わなかった伊藤隆道の案は、金属の細い棒を立体状に組み合わせ、交点に目立つ球が散りばめられた星状というか天体や宇宙を感じさせるものだったという。

宇宙のはずがマチ針になってしまったのである。

外壁の赤煉瓦について聞くと、予想どおり、銀座の煉瓦街を意識したとのこと。

交番建築ルネッサンス第一号になった事情は、当時の鈴木俊一都知事が、丹下健三のサジェスチョンを入れて、都の建築を指名建築家にまかせる制度をつくり、その最初の例に数寄屋橋交番が選ばれ、山下が指名されたのだという。その後、この制度によって池袋の東京芸術劇場などの大建築が建てられるようになるが、第一号に交番と山下が選ばれたのは、あれこれ批判もあった制度なので、スタートは目立たせたくなかったのと、山下が丹下との縁がなかったからフェアに見える、あたりの理由だろうと、山下さんは推測している。

［四丁目交番の屋根の上にいた親子のカエルは今は姿を消している。］

頭にマチ針の数寄屋橋交番

SAPPORO
ニユートーキヨー本店
POWERED by
YUNKER
LEE
MORE
nonno
SPUR
集英社
富士電
レイク
ビックカメラ
BIC CAMERA
松竹
SEIBU

掲示板

p.272 擬宝珠みたいな1丁目交番
p.273
4丁目交番は先端的デザイン（上）
屋根の上の親子ガエル（下）

数寄屋橋交番は赤煉瓦を意識

あとがき

増田　彰久

大学に入り東京で暮らすようになって、まずびっくりしたのがそのとんでもない広さだった。小学校から高校を卒業するまで過ごして、大きい街と思っていた大阪の代表的な繁華街といえば梅田と難波で、その間の御堂筋は人によっては歩いてしまえる距離でしかなかった。それが東京では、通っている大学があった江古田の近くに池袋があり、その先に新宿があって、さらにその先に渋谷がある。その上まだ銀座まであるのだった。

その銀座に行ってみると、そこは池袋や新宿や渋谷の猥雑さとはまるで違って、整然とすっきりした広い通りを当時はまだ都電が走り、ちゃんとした歩道まである。そこをたくさんの人が行き交う光景に、繁華街特有のゴミゴミした感じが全くないことに驚いた。勿論今でも銀座には、ちょっと裏に入れば昔懐かしいバーや飲み屋の迷路みたいな通りもあるのだが、そんなことを知るのはもっとずっと後になってからのことだ。

昭和三十六年に卒業して、勤めた会社がその頃は銀座の今で言うマロニエ通りにあった。若い人たちにはもう想像もできないだろうけど、数寄屋橋の上からドブみたいな外堀に浮かぶ木の舟を横目に見て、朝日新聞本社、日劇の前を通勤するようになった。当時、銀座二丁目の角には赤煉瓦の大倉本館があって、その辺りに銀座で最初に瓦斯燈が立てられたのだとか、今もその歴史を記した銘板がある。

それから一八年間、昭和五十四年に会社が新宿の新都心に移転するまでほとんど毎日銀座で過ごすようになって、広い東京のなかでもこの街に特別親しみを感じるようになった。当時は唄に歌われた柳の並木もまだあったし、東京に来る前テレビで見て是非実物を見たいと思った森永キャラメルの地球儀ネオンも、その輝きを自分の目で確かめることができた。

昼休みにあちこち店を覗いて歩くのも、銀座勤めならではの楽しみだった。ワイシャツの店、ネクタイの店、帽子の店、子供服の店、靴の店、鞄の店、アクセサリーの店……実にさまざまな一流の専門店が並んでいて、毎日歩いて厭きることがなかった。今は量販店の影に隠れてしまったカメラ屋も銀座には有名な店が何軒かあって、そのウィンドウに並ぶ雑誌でしかお目にかかったことがないような世界の銘機を目にするたびに、あんなカメラが欲しいと馬鹿げた夢を見たりしたものだ。そんな日々のなかで、最後の都電が走り去るのをみんなで見送ったり、会社の近くにあって銀座にただ一つ残っていたネオ・クラシシズムの建築、威風堂々の列柱がどうも街に馴染まない気がした東邦生命ビルや、シネラマを上映した〈テアトル東京〉が取り壊されていくのを見たりしたのも忘れられない。

こうして銀座で過ごした日々のことを思い返し、銀座とはいったいどんな街なのか改めて考えていると、まず「風格」という言葉が頭に浮かんでくる。それは整然とすっきりした街という印象からくるのであって、同じ繁華街といっても渋谷、新宿、池袋とはどうしても格の違いを感じざるを得ない。商店街である以上、官庁街やオフィス街とは違って、裏にゴチャゴチャした迷路のような所も当然必要だが、表通りからはそういう猥雑な要素を締め出して、街の風格が保たれている。パリのシャンゼリゼ、ニューヨークの五番街、ロンドンのリージェント・ストリートといった世界の代表的な目抜き通りのどれを見ても、バザールや路地が大きくなった中東やアジアの繁華街みたいなのは一つもない。しっかりした都市計画に基づいて出来た街並みということなのだろう。明治の煉瓦街計画から出発した銀座の街並みも、けっしてそれに引けを取らない。

それから、銀座は一流建築家とも縁の深い街であった。古くは西銀座の内務省官舎にジョサイア・コンドルが住み設計事務所を開いていて、やがてその跡地に建築会館が建った。辰野金吾も最初の事務所を銀座に構えた。戦前は曾禰中條建築事務所はじめ有名建築家がこの街の建物を設計し、戦後になっても本書で紹介した丹下健三、芦原義信、黒川紀章、林昌二のほかに、村野藤吾や谷口吉郎やレーモンドの作品が見られた。銀座は建築を見ても、高級ブランドの街と言っていいのだろう。その流れが、最近の世界的建築家たちによる建物の相次ぐ登場につながっている。

この本に掲載した写真の多くは、二〇〇六〜七年の二年間にわたる「銀座百点」連載時に撮影取材したものである。これまでと違って35ミリカメラでフットワークを軽くし、戦後の建物ばかりか現代の建物も撮影した。いつも同行し撮影の便宜を図ってくれた編集の牛窪亨子さん、そして協力を惜しまなかった銀座のみなさんには心から感謝している。

最後に、そうして撮影に歩いて改めてつくづく感じたことを一つ。銀座では街並みも個々の建物もただ姿形の美しさだけ意識して造られているのでなく、外も内もどこかその祝祭的な雰囲気に人を誘い込み、導いていくように配慮されていると思えてならないのである。

今回も見事な構成とブックデザインできれいな本に仕上げていただいたデザイナーの岩崎寿文さん、そしてこの本の出版を勧めてくださった白揚社の中村浩社長、編集長の鷹尾和彦氏に心からお礼を申し上げます。

本書第二部は「銀座百点」二〇〇五年一月～二〇〇六年十二月号に
「銀座建物探訪」として連載されました。
（順不同。なお「メゾンエルメス」は新稿、写真は新規収載）

建物名	所在	設計者	竣工年
和光	銀座4-5-11	渡辺 仁	1932
歌舞伎座	銀座4-12-15	岡田信一郎, 吉田五十八	1924, 1950/建替中
二葉鮨	銀座4-10-13		
泰明小学校	銀座5-1-13	原田俊之助	1929
ソニービル	銀座5-3-1	芦原義信	1966
メゾンエルメス	銀座5-4-1	レンゾ・ピアノ	2001
三愛ドリームセンター	銀座5-7-2	日建設計	1963
マガジンハウス	銀座3-13-10	高橋靗一	1983
銀座ASビル	銀座3-5-8	妹島和世建築設計事務所	1998
交詢ビル	銀座6-8-7	横河工務所/清水建設	1929/2004
竹田ビル	銀座2-11-16	竹田組設計部	1932
銀座越後屋ビル	銀座2-6-5	小川千之助	1931/2007解体
ミキモト ギンザ 2	銀座2-4-12	伊東豊雄建築設計事務所	2005
ヨネイビル	銀座2-8-20	森山松之助	1930
ライオン銀座7丁目ビル	銀座7-9-20	菅原榮蔵	1934
電通銀座ビル	銀座7-4-17	横河工務所	1934
奥野ビル	銀座1-9-8	川元設計事務所	1932
鈴木ビルディング	銀座1-28-15	山中節治	1929
東京銀座資生堂ビル	銀座8-8-3	リカルド・ボンフィル	2001
中銀カプセルタワービル	銀座8-16-10	黒川紀章	1972
ボルドー	銀座8-10-7	奥田謙次	1927
静岡新聞・静岡放送ビル	銀座8-3-7	丹下健三	1957
有楽町マリオン	有楽町2-5-1	竹中工務店	1984
東京市街高架鉄道	有楽町駅付近	フランツ・バルツァー	1910
銀座1丁目交番	銀座1-2-4	桜井凱昌	1984
銀座4丁目交番	銀座5-7-2	村上稔	1989
数寄屋橋交番	銀座4-1-2	山下和正	1982

ISBN978-4-8269-0164-2

銀座《ぎんざ》建築《けんちく》探訪《たんぼう》

二〇一二年五月三十日　第一版第一刷発行
二〇一二年十一月三十日　第一版第二刷発行

著者　藤森照信《ふじもりてるのぶ》
増田彰久《ますだあきひさ》

発行者　中村　浩

発行所　株式会社　白揚社
東京都千代田区神田駿河台一－七－七　郵便番号一〇一－〇〇六二
電話（〇三）五二八一－九七七二　振替〇〇一三〇－一－二五四〇〇

装幀
ブックデザイン　岩崎寿文

印刷所　奥村印刷株式会社

製本所　牧製本印刷株式会社